Dein Blick durchs Schlüsselloch

Ursula Novak

Ursula Novak ist diplomierte psychosoziale Lebensberaterin,
seit 13 Jahren in freier Praxis tätig,
und arbeitet tagtäglich mit Familien in unterschiedlichen Kontexten.
Sie begleitet sie bei Trennung,
Scheidung oder Tod im nahen Umfeld.
Die Autorin hat in ihrem Buch die bewegendsten und
berührendsten Geschichten aus ihrem Beraterinnendasein
(anonymisiert) niedergeschrieben.
Sie möchte Leser wie Leserinnen erreichen
und wieder auf jene Werte
besinnen, die im Leben wichtig sind:
Zusammenhalt, Kommunikation und
Zeit miteinander.

„Meine Berufung ist es, für andere da zu sein."

1. Auflage, März 2018

ISBN 978-3-85028-745-6

Veröffentlicht unter dem Verlag Berger
Verlag Ferdinand Berger & Söhne Ges.m.b.H., Horn
Lizenzausgabe mit freundlicher Genehmigung des Verlag Berger
Gerdruckt in Austria, Horn von Druckerei Berger
www.verlag-berger.at

Lektorat: Mag. Pamela Obermaier | www.textsicher.at
Layout & Cover: Lukas Novak

Dein Blick durchs Schlüsselloch

Ursula Novak

VERLAG
BERGER

Vorwort

Ich habe die große Ehre, das Vorwort für dieses Buch schreiben zu dürfen. Meine Mutter hat sich gewünscht, dass ich es schreibe, und jeder, der meine Mutter kennt, weiß, dass man ihr so schnell nichts abschlagen kann. Im Grunde genommen hab ich noch nie ein Vorwort geschrieben, aber was tut man nicht alles für seine Frau Mama ...

Mein Name ist Sebastian und ich bin der Zweitgeborene meiner Mutter. Ich kenne sie dadurch schon beinahe 24 Jahre lang und kann offen und ehrlich sagen, dass Sie auf dem zweiten Bildungsweg wahrlich ihre Berufung gefunden hat. Mehr noch, ich hab ihre Entwicklung von ihrer Zeit im Büro als Sekretärin bis zur Ausbildung zur Sozialberaterin und darüber hinaus zu ihrer eigenen Praxis hautnah miterleben dürfen und ich muss zugeben: Ich hab selten jemanden so in dem aufgehen gesehen, was er/sie macht. Sie ist meiner Meinung nach für den Beruf als Beraterin prädestiniert – durch ihre Gabe, dass man ihr innerhalb kürzester Zeit die eigene Lebensgeschichte erzählen will, auch wenn man sie gerade erst kennengelernt hat, gepaart mit ihrer selbstlosen, doch selbstbewussten Art und dem Herzen am rechten Fleck.

Meine Mutter ist ein neugieriger Mensch, was ihr im Leben schon oft geholfen hat, aber eher im Beruflichen als im Privatem, wobei ich gestehen muss, dass mir eine neugierige Mutter bei weitem lieber ist als eine, die kaum oder gar kein Interesse am eigenen Kind zeigt. Ihr Beruf fordert natürlich starke Nerven und viel Feingefühl, was sie glücklicherweise mitbringt, aber wenn sie etwas beschäftigt, erzählt sie immer wieder mal von ihren Fällen – natürlich ohne Namen zu nennen. Irgendwann habe ich bemerkt, wie intensiv ihr Job ist und wie viel Freude sie damit hat, Menschen in Situationen, die oft ausweglos erscheinen, weiterzuhelfen. Ich fand ihre Geschichten immer sehr spannend und hab mich hin und wieder bei ihr erkundigt, wie denn der eine oder andere Fall ausgegangen ist. Durch diesen Austausch ist auch die Idee zu diesem Buch entstanden.

Was ich von meiner Mutter gelernt hab: Es gibt kein echtes Erfolgsrezept für Erziehung – da spielen immer viele Faktoren zusammen. Aber sie hatte und hat immer noch ein offenes Ohr für meinen Bruder und mich, egal ob wir Kritik, Wünsche oder Fragen hatten und haben. Das ist auf jeden Fall etwas, das unterschätzt wird, aber das einfache Zuhören bewirkt oft mehr, als man erwartet. Natürlich hatte ich während meiner Pubertät auch meine Konflikte und meinen Kampf mit ihr, aber nichts war so dramatisch oder tragisch, dass man einander nicht im Nachhinein verzeihen und in den Arm nehmen hätte können. Ich würde generell die Beziehung zu meiner Mutter als offen, ehrlich und vor allem herzlich bezeichnen. Als Kind die Sicherheit zu spüren, dass die eigenen Eltern für einen da sind, das war für mich sehr wichtig. Meine Eltern auch als einander liebendes

Paar erlebt zu haben, ist mir bis zum heutigen Tag stark in Erinnerung geblieben, denn sie sind einfach köstlich – wie Salz und Pfeffer oder Pech und Schwefel, so unterschiedlich und doch so passend füreinander. Was ihr fehlt, hat er, und wo er steckt, hat sie schon die Lösung parat. Auch ihre Arbeitshaltung – beide sind selbstständig – hat mir immer imponiert, denn sie haben mir vorgelebt, nach einem erfüllten Arbeitsleben zu streben.

Es findet stetig ein Generationswechsel statt. Wichtig ist, dass man versucht, voneinander zu lernen und diese Chance nicht auszulassen. Das ist nicht immer einfach, aber ich bin dankbar, dass ich so viel aus meiner Erziehung mitnehmen durfte. Als ich das Buch gelesen hab, kam mir an manchen Stellen die eine oder andere Träne aus – und dann gab es wiederum Passagen, bei denen ich lachen und schmunzeln musste.

Herzlichst,
Sebastian Novak

Inhaltsverzeichnis

WERFEN SIE EINEN BLICK DURCHS SCHLÜSSELLOCH! ... 13

TRENNUNG – SCHEIDUNG – NEUBEGINN ... 31

1.1 Briefaustausch trotz Gefängnis ... 31
1.2 Wie verrückt das Leben so spielt ... 35
1.3 Ein Wunder für sich ... 41
1.4 Eine tiefe Verbindung ... 49
1.5 Verdammt, wieso nur? ... 54
1.6 Tragödie + Zeit = Komödie ... 60
1.7 Normal oder abnormal – was ist schon normal? ... 67
1.8 Vom Zuhören und Reden ... 80

KINDERBEISTAND IN STRITTIGEN PFLEGSCHAFTSVERFAHREN – SPRACHROHR UND STIMME DES KINDES BEI GERICHT ... 95

2.1 Die Rechte der Kinder ... 95
2.2 Patchwork – das große Thema unserer Zeit ... 101
2.3 Ich will bei Mama leben ... 111
2.4 Es sind die Kleinigkeiten, die zu Großem führen. 122
2.5 Alkohol, der vieles zerstört ... 129
2.6 Ein leichter Fall ... 140
2.7 Das Boot ... 151

TOD EINES ELTERNTEILS ODER NAHEN VERWANDTEN 169

3.1 Trauer kennt viele Seiten 169
3.2 Am Ende des Tunnels ist ein Licht 174
3.3 Von ganz unten nach oben 180
3.4 Himmel und Erde 183
3.5 Der Tod kommt oftmals nicht allein 187
3.6 Ein Bild von etwas kreieren, das man eigentlich gar nicht sehen will 206
3.7 Der Weg in den Zauberwald 218

VERTRAUE AUF DEINE INTUITION! 243

DANKSAGUNG 255

Johann Wolfgang von Goethe [1]

»Es muss von Herzen kommen, was auf Herzen wirken soll.«

WERFEN SIE EINEN BLICK DURCHS SCHLÜSSELLOCH!

Um die Kernpunkte meiner heutigen Arbeit besser nachvollziehen zu können, würde ich Sie, liebe Leserinnen und Leser, gerne einladen, auf den ersten Seiten dieses Buches einige zentrale Elemente meiner Vergangenheit zu erfahren. Meine Geschichte, meine Ambitionen und meine dahinterstehende Leidenschaft, die täglichen, spannenden Herausforderungen und menschlichen Schicksale zu erleben und sich ihrer anzunehmen, erschienen es mir wert, für Sie zu Papier gebracht zu werden. Dieses Buch soll Ihnen einen Blick hinter die Kulissen unserer Gesellschaft ermöglichen – Ihnen näherbringen, wie lebensverändernde Einzelschicksale bewältigt werden können, und skizzieren, welche Herausforderungen Kinder sowie Eltern von Patchworkfamilien zu meistern haben.

Die Lebensgeschichten anderer Menschen haben mich schon immer interessiert. So ist es wohl auch entstanden, dass aus meinem Interesse für Schicksale und deren Hintergrundgeschichten mein Beruf geworden ist.

Da ich selten mit dem Auto unterwegs bin und somit die öffentlichen Verkehrsmittel täglich nutze, habe ich Zeit, Leute zu beobachten oder mit ihnen ins Gespräch zu kommen. Oft sprechen mich diese Menschen auch unerwartet im Zug zwischen St. Pölten und Wien an und wir kommen ins Plaudern. Viele von ihnen sind auffallend mitteilungsbedürftig – vor allem, wenn ich meinen Beruf erwähne. Ich denke, das ist wohl ein Leid unserer Zeit, dass es zwar viele Kommunikationsplattformen gibt und doch die persönliche Auseinandersetzung fehlt, nämlich zwei Ohren, die zuhören, jemand, der sich Zeit nimmt, ein Gegenüber, das sich für die eigene Geschichte interessiert. Das sind Dinge, die vielen fehlen. Diese Erfahrungen habe ich im Zug, im Urlaub, beim Fortgehen an der Bar oder wo auch immer gemacht: Menschen suchen den Weg zu mir und erzählen mir ihre intimsten Geheimnisse. Ich konnte ihnen stets weiterhelfen – und das ohne Vorkenntnisse und theoretische Grundlagen. Warum war das so? Weil ich immer auf meine Intuition gehört habe und ihnen mit Empathie begegnet bin. Auf das Thema der Intuition werde ich am Ende dieses Buches nochmal gesondert eingehen.

Wir „Alten" sollten uns natürlich auch immer etwas von der Jugend abschauen – etwa den kritischen Blick, den junge Menschen auf so manche Begebenheiten der Gesellschaft haben – und so konnte ich von meinen beiden tollen Söhnen viel lernen, was die Offenheit in der heutigen Zeit anbelangt. Ich schätze es als Mutter, mit meinen Kindern intime und persönliche Gespräche über Gott und die Welt führen zu können. Ich habe mich immer für ihre Gedanken, Sorgen und Probleme interessiert. Je älter die beiden jedoch wurden, umso mehr wurde mir klar, wie wichtig es ist, mit jedem von ihnen Zeit zu verbringen und mich individuell mit ihnen auseinanderzusetzen. So entstand die Tradition, kurze Urlaube und Städte-Trips mit jedem einzeln zu organisieren. Bei einer dieser Reisen mit meinem jüngeren Sohn Sebastian nach Rom entstand am Piazza Navona die Idee für dieses Buch, weil wir uns hier über meinen Beruf und meine Berufung intensiv unterhalten hatten. Der Hintergrund für den Titel, der hier ebenfalls sofort im Raum stand, liegt in meiner Jugend verborgen, denn meine Mutter hatte die wundervolle Gabe, Geschichten aus ihrem Berufsleben so spannend und berührend zu erzählen, dass ich das Gefühl bekam, hautnah dabei gewesen zu sein – als würde ich durch ein Schlüsselloch hindurchschauen. Darum war mir klar: „Das muss der Titel für mein Buch werden!"

Zum Schutze meiner Klientinnen und Klienten und der Vertrauensbasis und Schweigepflicht ihnen gegenüber habe ich natürlich alle Namen weggelassen oder geändert.

Meine Kinder- und Jugendjahre

Wie erwähnt möchte ich Ihnen zu Beginn ein paar Worte über meine eigene Geschichte erzählen, bevor ich die Geschichten anderer schildern werde. Meine Eltern waren noch sehr jung und mitten in ihrer blühenden Jugend, als ich zur Welt kam – eben eine junge Liebe, die Früchte trug. Da sie noch kein Eigenheim besaßen, mussten sie vorerst bei den Großeltern einziehen. Als noch unerfahrene Jungfamilie – ohne eigene Wohnung und fixes Einkommen – war diese Überbrückungsmaßnahme willkommen, jedoch eine große Herausforderung für alle.

Meine Oma väterlicherseits stand mir von Anbeginn an überaus nahe und hatte sozusagen einen Narren an mir gefressen. Diese tiefe Beziehung zwischen uns beiden hat auch über den Tod hinaus angehalten, indem ich bis heute von den Erinnerungen an sie zehre. Doch mit ihrer starken Persönlichkeit und ihrer eigenen Erfahrung als Mutter machte sie meiner Mutter das Leben schwer. Klischeehaft und wie in vielen anderen Familien auch hatte meine Mutter mit einer starken Schwiegermutter zu kämpfen. Die gutgemeinte Fürsorge meiner Oma machte es meinen Eltern nicht leicht, in ihre neue Rolle hineinzuwachsen. Sich als so junge Frau durchzusetzen, als Mutter akzeptiert zu werden und nebenbei eine Ausbildung zu absolvieren, verlangte ihr viel ab. Ich denke, die Schwierigkeiten dieser Jahre haben sie in weiterer Folge zu einer charakterstarken, eigenständigen Person gemacht, was für die darauffolgende Phase besonders wichtig war, da mein Vater berufsbedingt regelmäßig reisen musste.

Um sich so schnell wie möglich ein eigenständiges, unabhängiges Leben aufzubauen und weitere Spannungen in der Familie zu vermeiden, suchten sich meine Eltern schließlich eine kleine Wohnung. So wurde St. Pölten – damals noch eine kleine Stadt, genauer gesagt sogar eher als größeres

Dorf zu sehen, in dem jeder jeden kannte – wurde zu meiner neuen Heimat, was bis heute so geblieben ist und weshalb mir diese Stadt sehr am Herzen liegt.

Die Beziehung zu meinen Großeltern blieb weiterhin innig, da sie nicht weit von uns entfernt wohnten und ich sie so oft wie möglich besuchte, was meine gesamte Kindheit positiv prägte. An vielen Wochenenden und Ferientagen verbrachte ich Zeit mit ihnen. So kam ich in den Genuss einer klassischen Großeltern-Enkerl-Beziehung, wie ich sie in der heutigen Zeit aus unterschiedlichen Gründen bei vielen Kindern, die ich betreue, vermisse.

Nachdem meine Eltern ihren beruflichen und privaten Weg gefunden hatten, konnten wir uns zahlreiche gemeinsame Urlaube leisten. Diese Auszeiten waren für uns als Familie enorm wichtig, da wir durch sie zwischen den vielen berufsbedingten Abwesenheiten meines Vaters intensive Momente als Familie erleben konnten. Mir fehlte es in der damaligen Zeit an nichts und so vergingen die ersten sieben Jahre unserer Kleinfamilie, bis diese Verstärkung durch meine kleine Schwester Patricia bekam. Wie alle kleinen Geschwister konnte sie von Anfang an auch furchtbar nerven, weil sie stets mit ihrer großen Schwester mithalten wollte und an deren „Zipfel" hing. Heute ist sie nicht mehr nur meine Schwester, sondern auch zu einer meiner besten Freundinnen geworden. An vielen gemeinsamen Abenden, bei einem Gläschen Sekt – oder auch bei zwei oder drei Gläsern davon –, philosophieren wir noch heute über Kindererziehung und Beziehungsprobleme. Miteinander feiern, lachen und Spaß haben konnte unsere Familie schon immer gut!

Meinen Eltern war unsere Schulausbildung und Selbstständigkeit von Beginn an wichtig – sie hatte in der Erziehung hohe Priorität. Von klein auf lernte ich, auf eigenen Beinen zu stehen und meine Bedürfnisse durchzusetzen. Egal, wie schwer eine Herausforderung auch war, ich wollte sie alleine meistern und ich wusste, dass ich dies auch schaffen würde. Diese Eigenschaft ist mir bis in mein aktuelles Alter geblieben und bringt mich oft dazu, bei Klientinnen und Klienten unmöglich Scheinendes in Bewegung zu setzen.

Die Generation meiner Eltern war in der Erziehung noch sorgsam darauf bedacht, Disziplin, Ordnung und Respekt in den Vordergrund zu stellen – ganz so, wie sie es auch von ihren Eltern gelernt hatte. Kuscheleinheiten blieben dabei oft auf der Strecke. Dieser Umstand beschäftigte mich bei Selbstreflektionen immer besonders. Ein genauerer Blick hinter die Fassade oder ein festes Drücken waren nicht üblich. Ich bitte Sie, meine Ausführungen diesbezüglich nicht falsch oder als Vorwurf zu verstehen – jede Generation bringt neue Erziehungsmethoden mit sich, jede Zeit hat auch andere Themen und Herausforderungen. Meine Eltern gaben damals uns Kindern gegenüber genauso ihr Bestes, wie sie heute ihr Bestes als Großeltern geben, wobei letztgenannte Rolle eine einfachere zu sein scheint, denn wenn der Druck der Erziehung abgefallen oder nur gelegentlich nötig ist, fällt natürlich auch vieles leichter. Die beiden sind nach wie vor unschlagbar. Danke dafür!

Die Offenheit, die viele Jugendliche heutzutage in ihren Familien erleben dürfen, hat es in meiner Jugend in dieser Form auf jeden Fall noch nicht gegeben. Mein Fazit: Der bestmögliche Erziehungsstil liegt doch meist in der Mitte, doch diese Mitte zu finden ist wohl die eigentliche Herausforderung des Elternseins.

Bei meinen eigenen Kindern ist und war es mir vorrangig wichtig, eine innige Beziehung mit vielen Umarmungen und ohne Kommunikationslimit aufzubauen. Kein Thema ist bei uns zu schwierig, um es besprechen zu können. Ich war stets bemüht, zu beobachten und zu hinterfragen, wenn ich das Gefühl hatte, dass etwas im Busch ist.

Aber nochmal zurück in meine eigene Jugendzeit: Mit 19 Jahren maturierte ich. Wie es sich damals gehörte, war ich brav auf die sogenannte Knödelakademie in St. Pölten gegangen. Meine Kochleidenschaft ist mir jedoch nach der Schule abhandengekommen und komischerweise nie wieder zurückgekehrt. Um danach die große Welt zu erobern, ging ich nach Wien, wo ich eine Tanzschule besuchte. Dort traf ich meinen jetzigen Mann Peter, und als alle Nebenbuhlerinnen beiseitegeschoben waren, gehörte er mir. Nach der anfänglich tiefromantischen Verliebtheit festigten wir unsere gut funktionierende Beziehung dadurch, dass wir voller Stolz in unsere erste gemeinsame 36-Quadratmeter-Wohnung zogen. Um meinen Beitrag zur Miete leisten zu können, entschied ich mich gegen ein Studium und suchte mir meinen ersten Job.

Mein erster Job

Am 11. September 1986 trat ich meinen Dienst bei der Stahlbaufirma Hödl an. Der Arbeitsweg kostete mich eine Stunde Fahrzeit. Außerdem musste ich mich täglich mit einem cholerischen Chef und 30 männlichen Schlossern im Gepäck auseinandersetzen. In diesem männerdominierten Unternehmen war mein erlerntes Durchsetzungsvermögen gefordert. In diesem Job begriff ich schnell, wie unsere Geschäftswelt wirklich tickt. Am dritten Tag wurde mir bereits klar, dass ich zu wenig verdiente. Infolgedessen ging ich zu meinem Chef, um eine Gehaltserhöhung zu erbitten – und tatsächlich bekam ich sie: sogar 1.000 Schilling mehr, als ich gefordert hatte! Ich habe in dieser Firma viel durchgemacht, ebenso viel gearbeitet und auch viel gelernt.

Wir gründen eine Familie

Nach einigen glücklichen Beziehungsjahren und den Aussichten auf eine gemeinsame Zukunft beschlossen mein Mann und ich, eine Familie zu gründen. Nach dreieinhalb gemeinsamen Jahren kam dann unser erster Sohn Lukas zur Welt. Mir war sofort klar, dass ich mich von nun an auf die Mutterrolle konzentrieren wollte und das mit meinem Beruf nicht zu vereinbaren war, also blieb ich drei Jahre bei meinem Kind zu Hause. Ich lebte meine neue Aufgabe mit voller Leidenschaft, doch ich wollte diese Auszeit vom Job auch als Chance nützen, um für meine Weiterbildung zu sorgen. So ging ich, wenn mein Mann nach Hause kam, zur Abendschule, weil ich auf einmal den Wunsch in mir verspürte, ein eigenes Restaurant zu eröffnen. Wie es jedoch so oft im Leben passiert – man merkt erst, wenn man etwas tut, dass es doch nicht das Richtige für einen ist –, kam alles anders. Dieser Umstand ist übrigens ein Phänomen, das oft bei Studierenden zu beobachten ist, die alles umkrempeln und wieder von vorne beginnen. Ich verstehe das wirklich gut, denn gerade in dieser Phase des Lebens findet man sich erst und lernt seine Stärken und Interessen so richtig kennen. Bei mir war es die Feststellung, dass sich Kind und Gastronomie schwer verbinden lassen. Eines von beiden wäre wohl auf der Strecke geblieben. Somit wurde nur ein Wochenendjob beim Heurigen daraus, um ein bisschen Geld für den nächsten Urlaub zu verdienen. Wie Sie sicherlich selbst schon erfahren haben, lebt man unbewusst oft das nach, was einem die Eltern vorgelebt haben.

Als meine Karenzzeit nach drei Jahren vorüber war, bekam ich eine Stelle im Bundesdenkmalamt. Als Vertragsbedienstete in einem soliden, sicheren Beamtenjob, in dem die persönliche berufliche Entwicklung weit hintenangestellt war, schob ich eine ruhige Kugel. Die sichere Anstellung war nach dem Abwägen des Für und Wider die familiengerechte Variante, in der Masern, Schnupfen und Husten Platz hatten und Pflegeurlaub kein Problem war. Leider war dies jedoch auch ein System, innerhalb dessen ein Hinterfragen und Anecken sowie Optimierungsvorschläge nicht gefragt waren. Wer mich heute kennt, weiß, dass es für mich ein Ding der Unmöglichkeit ist, mich auf längere Zeit derart zurückzunehmen. Peter und ich hatten uns allerdings dazu entschlossen, ein zweites Kind zu bekommen, also harrte ich aus.

Als ich erneut schwanger wurde, wollte es das Leben leider anders und ich verlor unser ungeborenes Kind während der Schwangerschaft. Das war ein Schmerz, ein Verlust, wie man ihn niemandem wünscht. Eine Zeit mit vielen schlaflosen Nächten, Tränen und der ewigen Frage „Warum?“ folgte. Gerade in solch schweren Phasen merkt man, was das eigene Eheglück aushält und wert ist. Derlei Schicksalsschläge verbinden und lassen die Beziehung stärker werden – oder aber ein Paar zerbricht daran. Peter und ich sind aus dieser Belastungsprobe verbundener als zuvor herausgegangen, und wie es wieder einmal das Leben wollte, wurde ich in einer lauen Sommernacht in den Dünen auf Gran Canaria erneut schwanger. Unser zweiter Sohn Sebastian wurde mit engelsblonden Haaren geboren. Die Freude und das Glück waren natürlich riesengroß und sein älterer Bruder Lukas wurde zum Namensgeber. Wie auch schon bei meinem ersten Kind blieb ich auch diesmal drei Jahre zu Hause, um meine Kinder zu betreuen und ausschließlich für sie da zu sein.

Der berufliche Weg ebnet sich

Den nächsten Schritt in Richtung meiner Berufung bildete die pädagogische Akademie. Wie es kommen musste, bekam Sebastian an meinem ersten Arbeitstag die Windpocken, worauf wir ihn zwei Wochen in Quarantäne zu den Großeltern schicken mussten. In solchen Situationen wären wir ohne diese Betreuungsmöglichkeit aufgeschmissen und der Start in einen neuen Job fraglich oder ins schlechte Licht gerückt gewesen.

Meine neue Tätigkeit in der Studentenberatung machte mir so richtig Spaß. Der persönliche Kontakt zu den Studierenden, die Orientierungshilfe, die Arbeit mit den Jugendlichen und ihre Geschichten entzündeten eine Flamme in mir, die meine berufliche Orientierung komplett veränderte. Ein Beruf hinter dem Schreibtisch wurde mit den Jahren immer unerträglicher für mich, da ich zu dieser Zeit bereits merkte, dass ich mehr mit Menschen arbeiten wollte und es war nur eine Frage der Zeit, bis ich erneut ausbrechen würde. Noch dazu wurde ich auf meiner Dienststelle regelrecht gemobbt, da viele meiner Kollegen meinen Posten haben wollten, weil ich als einzige ein eigenes Büro hatte und mir meine Dienstzeiten selbst einteilen konnte. Obwohl die belastende Situation dazu führte, dass ich im geschützten Rahmen meines Zuhauses zahlreiche Tränen vergoss, fand ich lange nicht die Kraft und den Mut, mich aus dieser Stellung zu befreien. Selbst der Betriebsrat hielt mich davon ab, zu kündigen, da ich viele Jahre im Bundesdienst tätig gewesen war und bereits dementsprechende Vorteile genoss. Doch in der Not entstehen auch Ideen und so entschloss ich mich dazu, ein Jahr Bildungskarenz zu nehmen und meine Ausbildung als Familien-, Ehe- und Lebensberaterin zu starten. Eines hat mich diese Zeit gelehrt: Ich hatte meine Berufung fürs Leben gefunden.

Meine Ausbildung zur Lebensberaterin

Parallel zur Lebensberaterausbildung absolvierte ich weitere Fortbildungen mit dem Schwerpunkt „Kinder und Eltern". Für mich als Vollblutmutter war klar, dass dieses Gebiet das richtige für mich sein würde, da ich den Menschen auf diese Weise meine Werte bezüglich Familie, Zusammenhalt, Wertschätzung und Füreinanderdasein weitergeben konnte. Wie sehr diese Werte in meinem späteren Beruf noch zum Thema werden würden, war mir damals noch nicht klar. Ich musste im Rahmen meiner Laufbahn als Beraterin erkennen, dass diese bedeutsamen Elemente in der heutigen Zeit oft in Vergessenheit geraten und materielle Werte über das Wohlergehen und die Bedürfnisse von Kindern gestellt werden.

Während meiner Ausbildung zur Lebensberaterin durfte ich viele Selbsterfahrungen in einem Kloster machen, welche oft hart, heftig, aber auch hilfreich waren. Viele Ungereimtheiten in meiner eigenen Geschichte kamen ans Licht, wurden thematisiert und in einem geschulten Umfeld aufgearbeitet. Denn damit man Hilfe geben kann, muss zuerst vor der eigenen Tür gekehrt werden, um selbstreflektiert zu werden und Situationen und Gefühle, die einem nahegehen, später abfedern zu können.

In diese Richtung soll es gehen

Als ich meine Lebensberaterausbildung begann, war es notwendig, parallel dazu eine Praktikumsstelle zu suchen. Ich hatte in Kürze drei Angebote von Stellen, bei denen ich sofort hätte beginnen können. Ich entschied mich für die Spiegelgasse, da ich zu der Beratungsstellenleiterin Elisabeth Wieser-Hörmann sofort einen guten Draht hatte. Vom ersten Tag an schenkte sie mir ihr Vertrauen, mit der

Bestätigung, dass ich mit der Beratungsausbildung am richtigen Weg war.

So bekam ich auch schon bald meine ersten Klienten. Meine damalige Praxisbegleiterin Michaela Harrer, mit der ich heute noch zusammenarbeite und mit welcher sich auch eine Freundschaft entwickelte, hatte ich schnell in mein Herz geschlossen. Anfänglich dachte ich, dass mir eine Betreuerin mit Erfahrung zugeteilt werden würde, welche mir bei den ersten Terminen über die Schulter schauen würde, um sich ein Bild von meiner Arbeit zu machen. Doch so war es nicht. Ich wurde, wie man sprichwörtlich sagt, ins kalte Wasser geworfen: Von Anfang an musste ich alleine und selbstständig arbeiten. Man ging davon aus, dass ich – wie in der Ausbildung gelernt – meinen Klienten ehrlich und authentisch begegnen würde, mit der nötigen Haltung und Wertschätzung, die eine gute Beratung braucht.

Mein Ziel für die Zeit nach der Ausbildung war es, eine eigene Praxis zu eröffnen, in der ich selbstständig arbeiten konnte. Diesen Wunsch setzte ich im April 2006 in die Tat um, nachdem ich einige Zeit in der Praxis von Frau Elisabeth Wieser-Hörmann als Praktikantin tätig gewesen war und dabei das freie Arbeiten hatte kennenlernen dürfen. Sie hatte so viel Vertrauen in mich und mein Tun und ebnete mir somit einen guten Einstieg in meine ersten Beratungen. Elisabeths Worte waren: „Einen guten Berater machen zu einem Drittel sein Wissen und zu zwei Dritteln seine Persönlichkeit aus.“ Damit meinte sie, dass es wichtiger ist, ein einfühlsamer, mitfühlender und verständnisvoller Mensch zu sein, als die trockene Theorie zu kennen. Diese Erkenntnis bestätigte mir aufs Neue, dass ich trotz meiner geringen Erfahrung in diesem Job am richtigen Weg war, weil ich all die genannten Eigenschaften mitbrachte – dafür danke ich Elisabeth von ganzem Herzen. Bis heute unterstütze ich sie übrigens in ihrer Praxis als freie Beraterin.

Ihre Aussage prägte mich und ist für mich von diesem Tag an ein Leitspruch für meinen gesamten Werdegang geworden. Warum? Ich bin vom Sternbild ein doppelter Löwe, kann mich problemlos durchsetzen und alles, was ich mir von Herzen wünsche und möchte, wird auch verwirklicht. Ich hatte die Gabe, jede Krise auch als Chance sehen zu können. Bei all den Schattenseiten versuche ich sowohl bei meiner eigenen als auch bei den von mir zu betreuenden Familien, die Sonnenseiten hervorzuholen und diese zu stärken. Unabhängig von der Lebenssituation ist es wichtig, ehrlich und authentisch zu bleiben, da die Wahrheit letztendlich zur Lösung eines Problems führt. Trotz aller Schwierigkeiten habe ich mich innerhalb meiner Familie stets allen Herausforderungen gestellt, die diese zwischenmenschlichen Beziehungen mit sich bringen. Denselben stelle ich mich auch bei meinen Klientinnen und Klienten.

Eine gemeinsame Lösung zu finden, die für alle Beteiligten stimmig ist, die Kommunikation miteinander nicht zu verlieren, egal wie schwer es auch in der Situation erscheinen mag, ist immer der Weg zum Ziel. Durch meine Gabe der Empathie habe ich oft Positives bewirkt – bei meinen eigenen Kindern, bei meinem Partner, in meiner Familie. Ich bin überzeugt davon: Es beginnt immer in den eigenen vier Wänden. Ohne meinen Schatz Peter, der mir durchgehend den Rücken gestärkt hat, hätte ich mich niemals so verwirklichen und entfalten können. Er hat mich finanziell durch meine Ausbildungen getragen und dabei keine Sekunde aufgehört, an mich zu glauben. Beziehung ist immer auch harte Arbeit, doch wenn sie funktioniert, ist es dafür umso schöner. Um eine angenehme und harmonische Partnerschaft zu leben, war es für uns beide wichtig, unsere gemeinsame Entwicklung konstant aufzubauen und voranzutreiben. Eine gute Paarbeziehung ist geprägt von Abenteuer, Humor, Gemeinsamkeiten, eigenen Entfaltungsmöglichkeiten und dem Ausleben der individuellen Freiheit. Nur so kann eine Ehe über lange Zeit gelingen. Nach unserem 35-jährigen Zusammensein kann ich sagen, dass ich meinen Mann jeden Tag von ganzem Herzen liebe – mit all seinen Facetten und Eigenheiten.

Meine ersten Klienten

Thema: „Das Leben hat keinen Sinn mehr!"

Meine ersten Klienten waren zwei seriöse Eheleute, die Probleme mit ihrer 13-jährigen Tochter hatten. Ich war vor diesem Termin natürlich immens nervös und dachte mir anfangs: „Soll ich gleich die Nerven wegwerfen oder erst später?" Da ich nicht auf eine Beratungsstunde mit zwei Personen eingestellt war, sondern dachte, dass zunächst nur einer von beiden zu mir kommen würde, musste ich mich kurz mit einem neuen inneren Plan sammeln. Ich versuchte, gedanklich so gut wie möglich bei ihrem Anliegen zu bleiben und meine Nervosität in Grenzen zu halten. Ich begegnete beiden empathisch, doch immer wieder darauf bedacht, das

Anliegen der Tochter mit in die Runde hereinzuholen. Das Elternpaar war bezüglich der Thematik schwer beunruhigt und um dies zu untermauern, hatten die beiden das Tagebuch ihres Kindes mitgebracht. In diesem hatten sie den tatsächlich überaus beunruhigenden Satz gefunden, welcher sie dazu bewegt hatte, mich aufzusuchen. Der Eintrag ist mir bis heute in Erinnerung geblieben und lautete folgendermaßen: „Das Leben hat keinen Sinn mehr!" Für die Eltern war es klarerweise erschütternd, diese Zeilen aus der Feder ihrer Tochter zu lesen. Ich denke, jeder, der Kinder hat, würde da erst einmal schlucken und sich daraufhin fragen, was er oder sie falsch gemacht hat.

Natürlich war es für mich auch wichtig zu wissen, was die Eltern dazu motiviert hatte, überhaupt in diesem Tagebuch zu blättern, da dieses Vorgehen die Privatsphäre ihrer Tochter beeinträchtigt hatte. Daher fragte ich, was vorgefallen war oder sie so beunruhigt hatte, dass sie keinen anderen Ausweg wussten. Ich versuchte, meine Klienten dazu zu bewegen, mit ihrer Tochter offen über deren Sorgen, Probleme und Ängste zu kommunizieren und ihr im Zuge dessen auch zu vermitteln, wie sehr sie wegen dieser Zeilen beunruhigt waren. Doch auf keinen Fall sollten sie weiterhin heimlich im Tagebuch ihrer Tochter lesen. Ich wollte ihnen vermitteln, dass sie erfahren könnten, wie es ihrem Kind wirklich geht, indem sie sich Zeit für es nehmen, sich für seine Themen interessieren und so eine Vertrauensbasis schaffen. Das habe ich ihnen direktiv vermittelt, was eine Vorgehensweise ist, die mir bis heute geblieben ist. In meinen mittlerweile unzähligen Beratungen bin ich stets bestimmend und rede nicht um den heißen Brei herum.

Des Weiteren versuchte ich, die betreffenden Eltern dahingehend zu beruhigen, dass es in der Pubertät normal ist, wenn Jugendliche gelegentlich mit diesem Gedanken spielen, weil sie sich auf Sinnsuche befinden. Ihre Aufgabe als Eltern war es, dem Teenager wieder Perspektiven und Orientierung zu vermitteln. Ebenso habe ich sie dahingehend bestärkt, an den Grundzügen ihres Erziehungsstils festzuhalten, denn ihren Erzählungen nach hatten sie durchaus eine gute Basis gelegt. Darum konnten sie darauf vertrauen, dass sie ihrer Tochter Bedeutsames an Werten und Haltungen vermittelt hatten. Meine ersten Klienten sind positiv motiviert von dannen gezogen. Ich war ehrlicherweise enorm stolz auf mich, überglücklich und darin bestärkt, weiterzumachen.

»Tragödie ist Komödie plus Zeit.«

TRENNUNG – SCHEIDUNG – NEUBEGINN

1.1 Briefaustausch trotz Gefängnis

Mein zweiter Klient war ein zwölfjähriger Junge namens Robert. Auf ihn freute ich mich besonders, da er das erste Kind war, das zu mir kam. Ein Telefonat mit der Kindesmutter im Vorfeld erläuterte mir, dass ihr Sohn – in ihren Worten gesprochen – etwas aus den Fugen geraten war. Die Mutter meinte: „Das könnte eventuell am nicht vorhandenen Verhältnis zum Kindesvater liegen."

Wenige Tage später kam Robert zusammen mit seiner Mutter zum besagten Termin. Nach einem kurzen Kennenlernen schickte ich diese jedoch aus dem Zimmer, um mit dem Jungen alleine arbeiten zu können. Er hatte sofort Vertrauen zu mir und öffnete mir sein Herz – ganz so, als hätte er bereits darauf gewartet, seine Geschichte erzählen zu dürfen, und so redete er wie ein Wasserfall. Er hatte große Sehnsucht nach seinem Vater, den er nie kennengelernt hatte.

Gerade in seinem Alter sind die väterlichen Wurzeln ein wichtiges Thema, da Jugendliche in dieser Entwicklungsphase nach einem männlichen Mentor Ausschau halten. Laut Robert widerstrebte sein Wunsch, seinen Vater zu treffen, seiner Mutter allerdings, weil es sich beim leiblichen Vater um einen inhaftierten Sträfling handelte. Delikte wie Raubüberfall, schwerer Betrug und Diebstahl waren bei ihm offenbar an der Tagesordnung gewesen. Schon seit Jahren suchte Robert krampfhaft nach einem Weg, wie er einen Zugang zu seinem Vater bekommen könnte.

Ich nahm mich dieses Falls ganz besonders an und unsere gemeinsame Arbeit dauerte über ein Jahr. Von nun an machte ich mit Robert Einzeltermine aus, involvierte die Mutter allerdings in mein Vorgehen. Obwohl der ein Erzeuger, der im Gefängnis sitzt, sicher nicht die gewünschte Version eines Elternteils darstellt, so war er trotz allem Roberts Vater. Ich einigte mich schließlich mit Robert und seiner Mutter darauf, einen Briefkontakt zum Vater zu starten. Natürlich konnte ich im Vorfeld nicht wissen, wie dieser mit der Situation umgehen würde. Darum wurde dieser Erstkontakt in Zusammenarbeit mit der Beratungsstelle durchgeführt – damit Robert auf keinen Fall in Gefahr geraten konnte.

In seinem ersten Brief an seinen Vater teilte er diesem mit, dass er ihn gerne kennenlernen würde und sich unabhängig von seiner Mutter ein Bild von ihm machen möchte. Natürlich erwarteten wir mit großer Spannung die Antwort des Vaters. Dieser war zum Glück erfreut über den Brief seines Sohnes und dazu bereit, sich auf einen regelmäßigen Briefverkehr einzulassen. Dieser Austausch zwischen Vater und

Sohn ging dann über einen längeren Zeitraum. Eines Tages kam von Roberts Seite die Frage, ob nicht ein persönliches Treffen möglich sei. Spätestens ab diesem Zeitpunkt wollte sich die Mutter aus der Situation komplett heraushalten. Ich organisierte – wieder in Absprache mit allen zuständigen Behörden – ein Tischgespräch in der Haftanstalt Stein. Nach einer langen Fahrt mit den öffentlichen Verkehrsmitteln kamen wir im Gefängnis an. Die Situation war natürlich auch für mich aufregend und spannend, denn es war mein erster Besuch in einem Gefängnis. Zuerst mussten wir uns durch sämtliche Sicherheitskontrollen kämpfen, bevor wir die Wache betreten durften. Als das erledigt war, wurden wir von einem Justizwachmann abgeholt und zum bereits wartenden Vater Roberts gebracht. Als sich die Blicke von Vater und Sohn trafen, erhob sich der Inhaftierte sofort aus seinem Sessel, um seinen Sohn herzlich zu umarmen. Ich hatte mich auf dieses Treffen natürlich systematisch vorbereitet, doch diese Begegnung war auch für mich eine wahrhaft berührende Situation. Wie es gesetzlich vorgeschrieben war, hatten wir für diese erste Begegnung eine halbe Stunde Zeit. Vater und Sohn kamen zum Glück recht schnell ins Reden und schon war das Eis gebrochen. Ich blieb dabei immer an der Seite des Jungen und lauschte der Unterhaltung. Roberts Vater meinte am Ende, dies sei der schönste Geburtstag seines Lebens. Die beiden verabschiedeten sich herzlich voneinander und ich wusste: Das würde nicht das letzte Treffen gewesen sein.

Als wir uns auf den Rückweg machten, nutzte ich die Zeit und reflektierte mit Robert über den Haftbesuch. Der Junge war über die Maßen glücklich, seine väterlichen Wurzeln kennengelernt zu haben und wollte weiterhin in Briefkontakt mit seinem Papa bleiben. Als wir wieder in Wien ankamen, erwartete ihn seine Mutter schon aufgeregt und wollte sofort wissen, wie es gelaufen war. Robert wirkte zufrieden, was seine Mutter natürlich beruhigte. Noch in meiner Gegenwart äußerte der Junge den Wunsch. auch weiterhin mit seinem Vater in Kontakt zu bleiben. Die Mutter segnete dies unter der Bedingung ab, dass der Briefverkehr weiterhin im geschützten Rahmen der Beratungsstelle passierte.

Für Robert war klar: Sobald sein Vater aus der Haft entlassen werden würde, wollte er ihn unbedingt wieder treffen. Ins Gefängnis wollte er allerdings nicht nochmal fahren, da das für ihn doch eine recht beängstigende Erfahrung gewesen ist. Der Junge beendete seine Beratung bei mir im Alter von 16 Jahren. Sein Vater war zu diesem Zeitpunkt schon entlassen worden und so trafen sie sich von nun an regelmäßig, was er mir später per SMS mitteilte. Von seiner Mutter habe ich allerdings nie wieder etwas gehört.

Zwei Jahre später kontaktierte mich Robert, um mir mitzuteilen, dass er nun selbst Vater geworden sei und derzeit Probleme mit seiner Partnerin habe. Als das junge Paar zu mir kam, unterstützte ich sie im Beisein des Babys in Form einer Erziehungsberatung. Als sie nach einiger Zeit mit ihrer Situation besser umgehen konnten, verlor ich sie aus den Augen. Ich hoffe, es geht ihnen gut.

1.2 Wie verrückt das Leben so spielt

Ich lerne in meiner Praxis viele Menschen und mit ihnen viele Geschichten kennen: schöne, berührende, traurige, ernste. Doch die Geschichte, die ich Ihnen jetzt erzählen werde, gehört zu jenen, die mir ganz besonders nahegegangen ist, die ich nie vergessen werde, weil sie mich auf vielen meiner Gefühlsebenen getroffen hat.

Ein Mann Mitte 40 kam auf Empfehlung in meine Praxis. Er wirkte traurig und emotional niedergeschlagen. Der Grund dafür war, dass er Sehnsucht nach seiner Tochter hatte, zu welcher ihm der Kontakt seit mehreren Jahren verwehrt wurde. Er wusste zwar, wo sie wohnte, doch sie hatten sich schon lange aus den Augen verloren, da die Kindesmutter seiner Aussage nach alles daransetzte, den Kontakt zu unterbinden, weil sie der Meinung war, das würde ihr Kind nur verwirren.

Leider erlebe ich diese Problematik auch heute noch in vielen Fällen, in denen einer der Elternteile den Kontakt des Kindes zum anderen kappen will. Dabei sollte doch allen klar sein, dass Mutter und Vater von einem Kind gleich stark gebraucht werden, damit eine positive Entwicklung stattfinden kann.

Ich arbeitete ein halbes Jahr mit dem betreffenden Klienten und versuchte ihn in dieser Zeit dahingehend zu bestärken, seine Tochter nicht aufzugeben.

Handy und so war eine neue Kontaktmöglichkeit zwischen den beiden geboren.

Doch das Problem in dieser Geschichte stellte immer wieder die Mutter dar: Sie fand sich nur unwillig mit dem neu entflammten Kontakt der beiden ab. Was Simone jedoch am meisten zu schaffen machte, war die Tatsache, dass ihre Mutter ihr noch kein einziges Mal gesagt hatte, dass sie sie liebt und sie nur selten in den Arm nahm. Ich meinte in meiner grenzenlosen Euphorie, dass dieser Wunsch absolut legitim und doch sicher erfüllbar wäre. So lud ich auf Simones Bitte hin ihre Mutter in die nächste Beratungsstunde ein, um ihr das Anliegen ihrer Tochter näherzubringen. Für mich als Vollblutmutter war es unverständlich, dass ein Kind den Wunsch nach Nähe überhaupt einfordern musste – doch was dann passierte, übertraf alles. Als die Mutter in die Praxis kam, wirkte sie schon genervt und angewidert, doch ich versuchte sie dazu zu bewegen, sich das Anliegen ihrer Tochter anzuhören. Simone nahm all ihren Mut zusammen und sprach ihre Sehnsucht mit Tränen in den Augen aus: „Bitte Mama, sag mir einmal, dass du mich liebhast!" Daraufhin legte die Mutter das Beratungshonorar auf den Tisch und ging wortlos aus der Praxis. Simone und ich blieben mit großen Augen zurück – ich war absolut sprachlos. Dieses Verhalten konnte ich nicht im Geringsten verstehen. Simone hyperventilierte und – unprofessionell meinerseits, aber intuitiv – ich nahm sie in den Arm und ließ sie an meiner Schulter weinen, bis sie sich wieder halbwegs beruhigt hatte.

Als ich an diesem Abend nach Hause kam, umarmte ich meinen Mann und drückte ihn ausgiebig und lange. Auch meine Söhne drückte ich bei ihrem nächsten Besuch fest an mich. Es war für mich nach wie vor unvorstellbar, wie ein Mensch beziehungsweise ein Elternteil so werden konnte. Was alles schiefgelaufen sein musste, um so eine Härte gegenüber dem eigenen Kind zu entwickeln, war mir rätselhaft. Leider war sie so mit sich selbst beschäftigt, dass sie auch jeden Versuch meinerseits abgeblockt hat, mit ihr darüber zu reden.

In den folgenden Beratungsstunden arbeiteten Simone und ich daran, wie sie mit dieser Situation umgehen konnte und erforschten zusätzlich die Ressourcen in ihrem Umfeld, um herauszufinden, wo sie das bekommen konnte, was ihr ihre Mutter nicht geben wollte: Liebe, Wärme und Nähe. Ebenso arbeiteten wir intensiv daran, die väterlichen Wurzeln noch besser greifbar zu machen und die durch Zufall wiedergewonnene Beziehung zu ihm zu stärken.

Nach einem Jahr der Beratung konnte ich die junge Dame beruhigt aus meiner Betreuung entlassen. Während unserer gemeinsamen Zeit hatten wir eine passende Lehrstelle für sie gefunden und somit ihren Weg in die Unabhängigkeit geebnet. Ich wusste, Simone würde ihren Weg gehen. Diese Sicherheit hatte ich, da wir an ihrem Selbstbewusstsein und an ihrer inneren Stärke gearbeitet hatten. Noch dazu gab ihr der Vater, der nun wieder in ihrem Leben vertreten war, den nötigen Rückhalt.

Was für mich aber offenblieb, war das Unverständnis darüber, dass eine Mutter ihrem Kind die einfachen Worte „Ich hab dich lieb“ nicht sagen konnte. Das beschäftigt mich bis heute – auch weil das leider kein Einzelfall war. Es ist für Elternteile manchmal schwierig, diese Worte über die Lippen zu bringen, wenn sie sie selbst als Kind nie gehört hatten. Der Satz „Ich hab dich lieb“ hat jedoch eine enorm positive Wirkung auf Kinder und Jugendliche, was wohl vielen Eltern gar nicht bewusst ist.

Und so verrückt spielt das Leben: Kurze Zeit später bemühte sich mein damals 14-jähriger Sohn Sebastian um eine Praktikumsstelle in einem Theater, da er die von der Schule geforderten berufspraktischen Tage gerne dort verbringen wollte. Seine Bemühungen trugen Früchte, denn er wurde kurz darauf zu einem Bewerbungsgespräch eingeladen, zu welchem ich ihn als Mutter begleiten durfte. Wir hatten einen Termin mit dem Personalchef, welcher sich selbst ein Bild von den Kandidaten machen wollte. Als wir in den alten Räumlichkeiten des Theaters ankamen und in ein schönes Büro geführt wurden, wartete unser Ansprechpartner schon auf uns. Als wir Platz genommen hatten, nutzte Sebastian die Möglichkeit, sich dem netten, älteren Herrn genauer vorzustellen. Ich sah mich währenddessen im Raum um und blieb mit meinem Blick bei einem Bild hängen, das auf dessen Schreibtisch stand. Ich schluckte kurz, denn die zwei Personen auf diesem Bild waren meine beiden Klienten Simone und ihr Vater. „Ich kenne Ihre Familie“, rutsche es mir heraus. Es war mir gar nicht aufgefallen, dass ich die beiden mitten im Gespräch unterbrochen hatte, wofür ich mich jedoch sogleich entschuldigte: „Verzeihen Sie, aber ich kenne diese beiden auf Ihrem Foto, das sind zwei ehemalige Klienten von mir.“ Genauso schnell wie ich meinen Satz ausgesprochen hatte, kam seine Antwort: „Sind Sie die

Beraterin, die meinen Sohn und mein Enkelkind wieder zusammengebracht hat?“ Ich bejahte mit einem Schmunzeln und wir lachten alle drei herzlich über diese überaus lustige Situation. Sebastian hat die Praktikumsstelle natürlich bekommen – das war aber seinen eigenen Bemühungen zuzuschreiben. Wenn ich über diesen Fall sinniere, denke ich oft, dass es keine Zufälle im Leben gibt. Diese Familie hatte mir der Himmel geschickt.

1.3 Ein Wunder für sich

Rainbows ist eine in ganz Österreich tätige Einrichtung, welcher ich seit langer Zeit angehöre. Sie ist darauf ausgerichtet, Kinder nach Trennungen, Scheidungen und Tod in Familien in einem gruppenpädagogischen Angebot und im Einzelsetting seelisch zu unterstützen. Hier wird die Situation kindgerecht und spielerisch aufgearbeitet und die Beziehung zwischen Eltern und Kindern gefördert.

Ein Mann wandte sich verzweifelt an Rainbows, um Unterstützung für seinen zehnjährigen Sohn Richard zu bekommen. Die Familie steckte in einer schwierigen Situation, da die Mutter von einem Tag auf den anderen ins Wachkoma gefallen war. Da so etwas selbst für eine erfahrene Organisation wie Rainbows eine Herausforderung darstellte, erschien eine Einzeltherapie geeigneter. Aus diesem Grund wandte sich Rainbows an mich, damit ich den Fall übernahm. Ich verfügte damals bereits über viel Erfahrung im Bereich der Trauerbegleitung von Kindern und schien somit die richtige Wahl zu sein.

Als die rechtlichen Dinge endlich geklärt waren, kam der Mann zum Erstgespräch zu mir in die Praxis. Er lebte seit einiger Zeit in Scheidung. Nach der Trennung war die Entscheidung gefallen, dass der gemeinsame Sohn bei seiner Mutter leben würde. Seit diese jedoch im Koma lag, kümmerten sich die Großeltern um den Jungen. Für den Vater war es selbstverständlich, für seinen Sohn da zu sein und ihn so gut wie möglich zu unterstützen. Die Mutter befand sich zu diesem Zeitpunkt nach wie vor in einem komatösen Zustand. Diagnose: Aneurysma. Der Großteil der Menschen mit dieser Diagnose stirbt daran und die Hälfte der Überlebenden bleibt für den Rest ihres Lebens ein Pflegefall, haben meine Recherchen ergeben. Dass sich ihre Situation bessern würde, schien aussichtslos.

Richards Vater fühlte sich hilflos. Er wusste nicht, wie er seinem Sohn den Zustand von dessen Mutter erklären sollte, und die einzige Information, die der Junge bislang erhalten hatte, war: „Mama hat Kopfweh!" Der Vater sah sich nicht im Stande, seinem Sohn die Situation kindgerecht zu erklären. Aus diesem Grund kontaktierte er mich: um seinem Sohn den nachvollziehbaren Wunsch erfüllen zu können, seine Mutter zu besuchen. Als Richard das erste Mal zu mir in die Praxis kam, stand vor mir ein geknicktes Kind und seine ersten Worte waren: „Ohne meine Mama kann ich nicht leben und ohne sie traue ich mich nirgendwo hin." Ich versuchte ihm daraufhin in kleinen Schritten klarzumachen, in welchem Zustand sich seine Mutter befand.

Er nahm meine Worte gefasst auf, so als hätte er es schon geahnt. Man sollte Kinder in dieser Hinsicht nie unterschätzen, da sie überaus feinfühlig sind und sehr wohl den Ernst einer Lage mitbekommen.

Nach Rücksprache mit dem Vater und dem zuständigen Oberarzt wurde ein Besuch im Spital vorbereitet. Um mich selbst auf diese außergewöhnliche Situation vorzubereiten, bat ich eine nette Kollegin, die als Krankenschwester im mobilen Hospiz tätig war, um ein Gespräch. Sie gab mir einige Tipps, wie man in diesem Fall am besten vorgehen sollte.

Noch nie in meinem Leben war ich mit so einer Situation konfrontiert gewesen. Ich überlegte mir darum gut, wie ich den Sohn bestmöglich auf diese Umstände vorbereiten konnte, damit er beim Anblick seiner Mutter – egal, in welchem Zustand sie sein würde – damit umgehen und vielleicht für sie sogar eine Stütze sein konnte. Ich glaube, es muss das Schlimmste für eine Mutter sein, ihr Kind bei sich zu haben, ohne es richtig zu realisieren, aber trotzdem das Verlangen nach Nähe zu seinem Kind zu spüren.

Ab diesem Zeitpunkt stand ich jeden Tag mit dem zuständigen Oberarzt in Kontakt, um den ersten Besuch vorzubereiten. Dieser informierte mich über die wichtigsten Details: Die Mutter hatte früher langes schwarzes Haar gehabt, welches nun komplett abrasiert war. Am Kopf war nach der Notoperation eine lange Narbe zurückgeblieben, was für den Jungen sicher ein Schock sein würde. Aus diesem Grund meinte der Arzt, dass ich ein Kopftuch mitnehmen sollte, um die Narbe damit abzudecken. Die Frau war nach wie vor im komatösen Zustand und es waren bereits schrittweise Aufwachversuche gestartet worden, welche eine geringe Reaktionsfähigkeit in den Fingern und ein gelegentliches Öffnen der Augen zur Folge hatten.

In der Beratungsstunde vor diesem ersten Krankenhausbesuch bastelte ich mit dem Jungen „Sorgenpüppchen" für sich und seine Mutter. Die bunten und kreativ gestalteten Puppen sollten als Symbol für die Verbindung von Mutter und Sohn jeweils ein Lieblingsstück des anderen umgehängt bekommen. Diese Püppchen würden wir zum Besuch mitnehmen. Sie sollten bei der Mutter im Krankenhaus liegen, um die Verbundenheit weiterhin zum Ausdruck zu bringen.

Kindgerecht und altersadäquat erklärte ich ihm nun die genauen Fakten, was seine Mutter betraf, um ihn bestmöglich auf das zu bevorstehende Bild vorzubereiten. Es war hierbei wichtig, nichts zu beschönigen oder umgekehrt zu dramatisch darzustellen, sondern dem Kind die Realität vor Augen zu führen. Da wir nicht wussten, wie die Situation für Richard und seine Mutter ausgehen würde, war Ehrlichkeit extrem wichtig.

Der große Tag war gekommen. Als wir im Spital ankamen, meldeten wir uns zuerst bei den zuständigen Ärzten an und ich versuchte mir einen Überblick über die Situation zu verschaffen. Vater und Sohn waren sichtlich nervös und angespannt. Richard hielt seine selbstgebastelten Puppen fest in den Händen – so, als hätte er Angst, sie zu verlieren. Als wir beim Zimmer seiner Mutter ankamen, bat ich die beiden, noch kurz zu warten, damit ich die nötigen Vorbereitungen treffen konnte. Ich ging zu ihrem Bett, schaute sie an und ihr Anblick ließ Trauer und Mitgefühl in mir aufkommen. Die Familie hatte mir Fotos von ihr gezeigt – Fotos, auf denen sie noch gesund und fit gewesen war. Es war, als läge ein anderer Mensch vor mir. Sie war sichtlich abgemagert und schwach. Langsam nahm ich ihre Hand, woraufhin sie meine fest drückte und ich wusste, dass sie mich wahrgenommen hatte. Ich beugte mich zu ihr vor und sagte nur: „Ich bin die Uschi und ich bringe Ihnen Ihren Sohn." Sie öffnete kurz die Augen, sie fielen aber sogleich wieder zu.

Sanft legte ich ihr das Tuch, das ich mitgebracht hatte, über den Kopf und verschaffte mir einen Überblick über die große Ansammlung an Geräten und Schläuchen, an denen sie hing. Zu sehen, wie ein Mensch durch Schläuche am Leben erhalten wird, war ein furchterregender Anblick für mich. Mir war klar, dass ich den Jungen auf dieses Bild vorbereiten musste. Ich ging zurück in den Warteraum, wo die beiden auf mich warteten. Ich bückte mich zu Richard hinunter und sagte zu ihm: „Wenn du jetzt da hineingehst, wird deine Mama schlafen. Sie hat ein Tuch auf dem Kopf, um ihre Wunde zu verdecken und es hängen sehr viele Schläuche um sie herum. Diese dienen dazu, ihr beim Atmen zu helfen und ihre Werte zu kontrollieren. Vielleicht öffnet sie ihre Augen, doch es kann auch sein, dass sie weiterschläft." Der Junge war natürlich noch immer aufgeregt und ängstlich, als wir das Zimmer betraten. Sein Vater stellte sich wortlos an die Seite des Bettes und wir gegenüber. Richard setzte sich hin und ich legte – wie zuvor meine – behutsam seine Hand auf die seiner Mutter. Diese drückte sie fest und öffnete kurz ihre Augen. Richard traute sich nicht, den Blick zu erwidern, worauf ich mich hinter ihn stellte, um ihm Kraft und Rückhalt zu geben. Ich flüsterte ihm ins Ohr, dass er keine Angst haben musste. Langsam ermutigte ich ihn, seinen Kopf neben den seiner Mutter zu legen, woraufhin er ihn auf ihre Brust legte. Das war ein Moment, der niemanden kalt lässt: einerseits erfüllt von Freude, dass sie einander haben und anderseits voller Traurigkeit. Richards Vater und ich standen still und blieben an der Seite des Jungen stehen, um ihm auch weiterhin Halt zu geben. Wir blieben etwa zehn Minuten so stehen, bis Richard seinen Kopf hob und das Sorgenpüppchen, das er gebastelt hatte, an den Haltegriff über den Kopfteil des Bettes hängte. Diese Kleinigkeit ließ das Rundherum ein wenig in den Schatten treten und erfüllte den Raum mit kindlicher Liebe. Danach verabschiedete er sich von seiner Mutter und wir verließen das Zimmer.

„Jetzt haben wir uns aber ein Eis verdient!“, sagte der Vater des Jungen, der seinen Sohn ganz offensichtlich aufmuntern und ablenken wollte. Während der Fahrt zum Eissalon redete ich noch einmal mit Richard über das Erlebte und fragte, wie es ihm jetzt gehe. Er wirkte traurig und doch zufrieden, seine Mutter gesehen zu haben: „Ich will Mama wieder besuchen, aber nur, wenn du auch mitkommst!“ Natürlich willigte ich ein und freute mich, dass Richard so gut mit der Situation umging. Er war ein wirklich tapferer kleiner Mann!

Bevor wir seine Mutter erneut im Krankenhaus besuchten, erhielt ich vom Oberarzt einen kurzen Bericht über ihren aktuellen Gesundheitszustand. Dieser verbesserte sich nämlich täglich und die Ärzte sprachen schon von einem „Wunder der Medizin“. Die Familie freute sich unheimlich darüber und ich sah in den Augen des Jungen erstmals ein glückliches Lächeln. Der nächste Besuch war für Richard dann auch schon weitaus entspannter – und auch sein Vater war sichtlich beruhigt.

Kurze Zeit später begleitete ich die beiden noch ein weiteres Mal, doch von da an schafften sie die Krankenhausbesuche alleine.

Über ein halbes Jahr verging, bis eines Tages das Telefon in meiner Praxis läutete. „Du bist die Uschi?", fragte die Anruferin. „Ja", antwortete ich und fragte: „Wer spricht denn da?" Am anderen Ende der Leitung sagte die Frau dann: „Du bist die Uschi, die mir damals meinen Sohn gebracht hat." Ich wusste sofort, wer am anderen Hörer war. „Ich würde dich gerne kennenlernen."

Ich freute mich über diesen Anruf und wir vereinbarten ein Treffen. Sie kam in meine Praxis und von Anfang an waren wir richtiggehend vertraut miteinander. Sie erzählte mir, dass es damals so wichtig für sie gewesen war, ihren Sohn zu sehen und wie sehr ihr das bei ihrer Genesung geholfen hatte, da ihr Lebenswille wieder zum Vorschein gekommen war. „Die Worte, die du mir in meinem Komazustand gesagt hattest, sind mir bis heute in Erinnerung geblieben. Als ich aufgewacht bin, dachte ich mir: ‚Diese Frau möchte ich kennenlernen!'"

Vor mir saß eine gesunde, hübsche Frau mit wunderschönen schwarzen Haaren. Bei ihrem Anblick wurde mir klar: Es war einer der besten Entscheidungen meines Lebens gewesen, dass ich diesen Fall übernommen habe.

Weitere zwei Jahre vergingen, bis erneut das Telefon klingelte und die junge Frau mich herzlich begrüßte, bevor sie mir erklärte, dass Richard große Probleme in der Schule hatte und dieser von sich aus gemeint hätte: „Wir gehen zur Uschi."

Als die beiden wenig später meine Praxis besuchten, sah ich zu meiner Überraschung, dass beide Elternteile gemeinsam mit Richard gekommen waren und sie erzählten mir, dass sie wieder zusammen seien und als glückliche Familie unter einem Dach lebten. Das freute mich natürlich umso mehr und so lachten wir zu viert in meinem Vorzimmer darüber, wie verrückt das Leben doch manchmal sei.

Die Eltern meinten noch: „Die neue Problematik unserer Familie ist für dich ja ein Kinderspiel, Uschi." Sie hatten recht, denn nach drei Treffen war die aktuelle Problematik – er hatte einfach eine Zeit lang keine Lust auf die Schule gehabt – gelöst, indem ich ihn bei der Selbstverantwortung gepackt und ihm klargemacht hatte, dass er nicht für seine Eltern, sondern für sich zur Schule ging.

1.4 Eine tiefe Verbindung

Die Mutter der fünfjährigen Sarah rief mich eines Tages an und meinte, ihre Tochter sei durch die Trennung ihrer Eltern vor zwei Jahren derzeit schwer irritiert und sie vermisse ihren Vater zutiefst. Ich kannte die Eltern bereits, da ich die Trennungsbegleitung bei ihrer Scheidung gemacht hatte. Der Vater hatte mittlerweile eine neue Beziehung, aus welcher ein gemeinsames Kind entstanden war. Dem Mädchen war es ein Anliegen, seinen Vater öfter zu sehen. Da dieser aber überaus beschäftigt war, machte es sich Sorgen, ihn mit der Zeit ganz zu verlieren.

In der ersten Stunde bat ich Sarah, mit mir eine Geschichte zu erarbeiten. Ich stellte ihr Satzanfänge zur Verfügung und sie sollte diese zu einem ganzen Satz vervollständigen.

Die erste Geschichte lautete folgendermaßen:

Auf einmal isst die Ziege.
Bald darauf geht sie zu ihrer Herde.
Dann geht die ganze Herde auf einen Berg.
Einige Zeit später geht die Ziege mit ihrer Herde schlafen.
Hoffentlich träumt sie nicht schlecht oder böse.
Kurz darauf wacht sie wieder auf.
Lange Zeit später ist Mittag und die Ziege frisst wieder Gras.
Natürlich vergisst sie nicht, mit ihrer Herde zu fressen.
Ratlos läuft die Herde weg, weil der Fuchs hinterherläuft.
Traurig geht die Ziege auf die Herde zu – ein Schaf wurde vom Fuchs gefressen.

Wenige Augenblicke später sieht sie wunderschöne Blumen, die sie fressen kann. Zum Schluss isst sie mit ihren Freunden die leckeren Blumen, die sie gepflückt hat.

Als sie mir diese Geschichte präsentierte, fragte ich sie: „Und wer ist denn die Ziege und wer ist der Fuchs und wer das Schaf?“ Darauf sagte sie: „Der Papa ist der Fuchs, die Mama ist die Ziege und ich bin das Schaf.“

Man muss dazusagen, dass das Mädchen unter schlechten Träumen litt, was sich in der Geschichte auch widergespiegelt hatte.

„Ich bin sehr traurig, dass Mama und Papa getrennt sind und ich traue mich vor Papa nicht zu weinen“, schilderte Sarah. „Warum traust du dich nicht zu weinen?“, fragte ich. „Ich weiß nicht wieso, aber ich habe Angst, dass die neue Freundin meines Vaters mit mir schimpft, wenn ich traurig bin und das mag ich nicht.“

Nach diesem Besuch war klar, dass beide Elternteile gemeinsam mit ihrem Kind zu mir kommen mussten. Dies freute die Kleine natürlich sehr, da sie somit nach langer Zeit wieder mal Mama und Papa gemeinsam sehen würde. Ich lud alle drei in meine Praxis ein und bereitete im Vorfeld ein einfaches, aber effizientes Projekt vor, welches Sarah über die Trennung ihrer Eltern hinweghelfen sollte. Auch die Beziehung zum Vater sollte dadurch gefestigt werden. Es handelt sich hierbei um eine selbsterklärende Methode, die ich in meiner Laufbahn bei vielen Familien angewendet habe.

Als die drei zu mir kamen, wussten die Eltern noch nicht genau, was der Grund ihres Besuches war. So saßen sie mit großen Augen gespannt vor mir und lauschten meinen Worten. Ich erklärte ihnen kurz die Probleme ihrer Tochter und wie ich diese gerne spielerisch auflösen wollte. Klarerweise waren die Eltern jetzt noch gespannter als zuvor, was da kommen würde.

Ich begann damit, dass ich Sarah je einen großen Wollknäuel links und rechts in die Hand drückte. Das Ende des Knäuels in ihrer linken Hand sollte die Mutter nehmen und das rechte Ende der Vater. Ebenso stellte ich in Form des Bandes eine Verbindung zwischen Mutter und Vater her. So war eine Dreierverbindung zwischen ihnen entstanden. Da dieses Bild aber nur noch begrenzt richtig war, weil die Eltern nun mal getrennt waren, nahm ich vor den Augen des Kindes eine Schere und durchschnitt die elterliche Verbindung. Ich wollte Sarah damit aufzeigen, dass die Verbindung zwischen ihren Eltern getrennt war, dies jedoch nichts an der Verbindung zwischen ihr und ihrer Mutter oder ihr und ihrem Vater änderte. Dieses Band würde immer bestehen und sie würde für alle Zeit mit ihnen beiden vereint bleiben. An der Liebe zu ihrer Tochter hatte sich durch die Trennung nichts geändert, was hier nochmal deutlich fühl- und sichtbar wurde. Wir schnitten anschließend ein Stück von den Bändern der Eltern ab, gaben es in ein Säckchen und Sarah nahm es mit nach Hause. Das sollte sie immer daran erinnern, dass sie sich der Liebe ihrer Eltern sicher sein konnte und dieses Band zwischen ihnen für immer bestehen würde.

Nach dieser Stunde reflektierten wir noch einmal, was geschehen war und wie es ihr jetzt mit der Situation ging. Meine Frage an sie lautete: „Geht es dir im Moment gut?"

Die Antwort packten wir wieder in eine Geschichte – das sind sogenannte Story Cubes, das sind je neun Geschichtenwürfel in verschiedenen Farben, auf denen Symbole abgebildet sind. Die Kindern würfeln und denken sich zu jenen Symbolen, die dadurch sichtbar werden, eine Geschichte aus.

Symbol: Smiley - Mir geht es im Moment gut.
Symbol: Feuer - Manchmal bin ich sauer auf Markus (kleiner Bruder).
Symbol: Schlüssel - Meine beiden Haustüren sperre ich bei Papa und Mama auf.
Das heißt, ich bin bei beiden zu Hause.
Symbol: Würfel - Manchmal spiele ich mit Mama oder Papa.
Symbol: Sprechblase - Ich spreche auch mit Papa, wenn es mir nicht so gut geht.
Symbol: Biene - Ich bin traurig, wenn mich eine Biene sticht.
Symbol: Springbrunnen - Wenn ich im Park bin, lache ich.
Papa hat einen Spielplatz
neben dem Haus. Bei Mama gibt es neben den Bauten zwei Spielplätze.
Symbol: Blitz - Ich traue mich, wenn es blitzt und donnert, nicht rausgehen.
Symbol: Auge - Ich schaue in den Park.

Zum Schluss brachte ich die Sprache noch einmal auf die Freundin des Vaters, indem ich Sarah fragte, wie es ihr inzwischen mit der neuen Frau an Papas Seite ging: „Mit K. geht es mir gut. Sie näht uns beiden ein weißes Kleid, das genau gleich aussieht. Ich habe auch wie sie meine Fingernägel rot lackiert. Meine Mama mag Rot gar nicht. Papa und Mama sind getrennt, das weiß ich seit der Wollgeschichte und auch wenn sie einmal tot sind, verbindet mich ein Band mit ihnen."

Ich konnte Sarah mit einem zufriedenstellenden und glücklichen Ende entlassen. Sie hatte durch die einfache visuelle Darstellung der Beziehung zu ihren Eltern erkannt, dass die Trennung nichts mit ihr zu tun hatte, dass ihre Verbindung und Liebe trotzdem immer gleichbleiben würde. Die Angst und ihre bösen Träume lösten sich auf, da ihr Inneres neues Vertrauen in ihre elterlichen Wurzeln gewonnen hatte. Dem Vater gegenüber konnte sie sich emotional weiter öffnen und auch dieser erkannte die Notwendigkeit, sich für seine Tochter genügend Zeit zu nehmen. Oftmals ist es auch der Fall, dass die neuen Lebenspartner eine zusätzliche Ressource für das Kind darstellen können – so wie es schlussendlich auch hier der Fall war.

Das Besondere an dieser Geschichte ist für mich die einfache Lösung – eine Methode, die schon vielen Kindern geholfen hatte. Es fällt ihnen immer ein Stein vom Herzen, der für alle Beteiligten beinahe zu hören ist. Auch die Eltern profitieren davon, da auch ihnen ihre Situation nochmals klar aufgezeigt wird. Ich habe diese Übung schon zahlreichen geschiedenen Paaren als Hausübung vorgeschlagen, doch die meisten hatten Angst vor der Reaktion der Kinder und wie sie damit umgehen sollten. Es ist wichtig, zu bedenken, dass Emotionen zu einer Trennung dazugehören – bei den Kindern wie auch bei den Eltern. In dieser Situation sind alle Beteiligten in einem Ausnahmezustand.

Im Fall von Sarah hatte diese Methode alle Beteiligten berührt und den Zugang zu ihren Emotionen geöffnet. Erst dadurch war ein herzliches und liebevolles Aufeinander zugehen möglich. Innere Verbindungen und Verständnis für den anderen wurden dadurch gestärkt. Und die Erkenntnis, die das Mädchen daraus gewonnen hatte, lautete: „Mein Papa bleibt immer mein Papa, egal, was passiert ist und noch passieren wird."

1.5 Verdammt, wieso nur?

An irgendeinem Herbsttag läutete an einem Mittwoch in den dämmrigen Abendstunden mein Telefon. Eine Mutter und ihre 14-jährige Tochter Anna wollten so schnell wie möglich zu mir in die Praxis kommen, da der Vater den Kontakt zu seinem Kind abrupt abgebrochen hatte. Ohne viele Worte wollte er angeblich von heute auf morgen nichts mehr von Anna wissen und verweigerte jedes Treffen. Da das Mädchen darüber unheimlich traurig war und seinen Vater sehr vermisste, vereinbarten wir den nächstmöglichen Termin.

Bei diesem ersten Termin in meiner Praxis waren die Verluste und der Wunsch nach Veränderung das große Thema für Anna. Sie verstand naturgemäß die Welt nicht mehr, befand sie sich doch ausgerechnet gerade mitten in der Pubertät und verlor durch das Verhalten des Vaters den wichtigen Halt eines Elternteiles, ohne zu wissen, warum. Gerade im Teenageralter ist es extrem wichtig, ein stabiles Elternhaus zu haben, da den Jugendlichen selbst jede Stabilität fehlt. Die Pubertät ist der große Umbruch, durch den Werte und Grenzen neu definiert werden und die Persönlichkeit schwankt. Die Orientierung und das Austesten an den direkten Bezugspersonen wie den Eltern ist wichtig und ganz normal – wenn es für die Erwachsenen auch manchmal schwer verständlich ist. Zum Zeitpunkt der Scheidung ihrer Eltern war Anna acht Jahre alt gewesen. Sie lebte seitdem bei ihrer Mutter, hatte jedoch immer guten Kontakt mit ihrem Vater gehabt. Bis zu ihrem elften Lebensjahr war soweit alles gut gewesen, doch dann wendete sich das Blatt: Bei einem üblichen Wochenendbesuch bei ihrem Vater ließ sie nebenbei im Gespräch fallen, dass sie lieber bei ihm als bei der Mutter leben wollte. Diese Äußerung schlug hohe Wellen und ließ dem Vater keine Ruhe mehr. Er suchte daraufhin den offiziellen Kontakt zum Jugendamt und vor Gericht. Er wollte seine Tochter um jeden Preis zu sich holen und diesen Wunsch bei den Ämtern deponieren. Das Jugendamt und auch das Gericht sind verpflichtet, einem solchen Anliegen nachzugehen und so wurde die Tochter zu einer persönlichen Stellungnahme geladen. Als Anna zum besagten Termin erschien, um ihre Aussage zu machen, kommunizierte sie die Geschichte jedoch komplett anders. Sie bestritt, diesen Wunsch ihrem Vater gegenüber jemals geäußert zu haben und so stand Aussage gegen Aussage. Auch Annas Mutter war selbstverständlich von diesem Konflikt betroffen, da es nach so vielen Jahren der Trennung plötzlich Unstimmigkeiten gab. Ab diesem Zeitpunkt begann sich eine Maschinerie der Bürokratie von Seiten des Gerichts in Bewegung zu setzen, auch seitens des Jugendamtes wurden Schritte eingeleitet. Das Mädchen und beide Elternteile mussten unangenehme Fragen über sich ergehen lassen, was speziell Mutter und Tochter schwer belastete. Am Ende blieb alles beim Alten, doch zu diesem Zeitpunkt brach der Vater seinen Kontakt zu Anna ab. Die Kränkung saß wohl so tief, dass er keinen Weg sah, seiner Tochter von nun an gegenüberzutreten. Anna litt enorm unter dieser Zurückweisung und auch die Großmutter väterlicherseits schloss sich dem Boykott des Vaters an. Das Mädchen versuchte immer wieder, den Kontakt von Neuem zu starten, doch all seine Versuche blieben ohne Erfolg. Zur gleichen Zeit scheiterte auch die zweite Ehe der Mutter und so verlor Anna auch ihren Stiefvater, welchem sie ebenfalls nahestand.

Ich riet ihr vorerst, alles niederzuschreiben, was ihr durch den Kopf ging, speziell das, was den Vater betraf. Als Hilfe für diese Aufgabe stellte ich ihr Satzanfänge zur Verfügung, aus denen sie eine Geschichte schreiben sollte.

Die Geschichte hieß: „Verdammt, wieso nur?“

Ausgerechnet in diesem Moment fiel alles zusammen. Bevor ich noch etwas sagen oder unternehmen konnte, war es passiert. Cool war, dass ich am Anfang überhaupt nichts mitbekommen hatte. Danach war ich etwas geschockt.
Einige Zeit später fing ich mich wieder und dachte darü-

ber nach. Fassungslos ließ ich mich auf dem Sofa nieder. Ganz plötzlich wurde mir schlecht. Ich dachte lange nach und sagte schließlich leise: „Hoffentlich bricht er jetzt nicht den Kontakt ab. Und wenn doch, kann es mir ja schließlich egal sein, oder? Ich meine, er hat doch diesen verdammten Schritt gemacht und nicht ich, oder?“ Immer wieder habe ich darüber nachgedacht, aber letztendlich nichts gefunden. Jedes Mal habe ich mir Gedanken gemacht, dass es mir am Schluss wohl bessergehen wird. Klar war, dass ich auch viel Mist von mir gegeben hatte, aber trotzdem: Warum? Ich holte tief Luft, um eine Pause einzulegen. Lange Zeit später befahl ich mir, die Tränen wieder herunterzuschlucken. Mutig stellte ich mich damals der Situation. Nachts schlief ich nicht so gut. Ihr wisst ja, warum. Ohne zu zögern nahm ich mein Handy und rief meine beste Freundin an, um mich mit ihr zu treffen. Plötzlich auf die Minute erschien sie.
Wir redeten lange darüber. Rechtzeitig war ich wieder zu Hause. Sofort ließ ich mich in mein bequemes Bett fallen und schloss nach diesen anstrengenden Stunden meine warmen Augen. Tagelang ging es mir einmal gut, dann wieder schlecht, gut dann wieder schlecht. Überall an meinem Körper zitterte ich voller Angst. Zwei Wochen zuvor hatte mein Vater damals den Brief ans Gericht abgeschickt gehabt. Nur schade oder Gott sei Dank, dass das jetzt alles vorbei ist. Das wochenlange Herumheulen ist vorbei. Zum Schluss brach mein Vater doch den Kontakt ab.

Diese Gedanken und Gefühle beschäftigten Anna. Lange überlegte sie, ob sie diese Zeilen ihrem Vater schicken sollte, was sie aber bis zu diesem Zeitpunkt nicht getan hatte. Ihr fehlte der Mut, ihm ihre Version der Geschichte mittels dieser Zeilen zu erklären. Die Angst vor Zurückweisung saß tief in ihr.

Nach mehreren Beratungsstunden widmeten wir uns dann dem aktuellen Thema – der Scheidung der Mutter vom neuen Ehemann. Anna tat sich richtig schwer damit, nun auch den Stiefvater nicht mehr in ihrem Leben zu haben. Auch die Sehnsucht nach der Großmutter väterlicherseits war ein Anliegen, welches sie laufend beschäftigte. So schlug ich ihr vor – natürlich mit dem Einverständnis der Mutter –, einen Briefkontakt zur Oma zu starten. Wir wussten nicht, wie diese darauf reagieren würde, doch nach dem Heraussuchen ihrer Adresse legten wir einfach los, ganz nach dem Motto: „Wer nicht wagt, der nicht gewinnt.“ Als Absender gaben wir meine Praxis an, damit wir immer aktuell daran arbeiten konnten. Die Großmutter ging auf unseren Briefverkehr ein und teilte ebenfalls ihre Gefühle mit. Bei jeder weiteren Sitzung war eine neue Antwort der Oma gekommen und wir antworteten auf diese mit Bedacht. Es sollten alle Empfindungen gut in die richtigen Worte verpackt ankommen, um etwaige Missverständnisse oder weitere Verletzungen auszuschließen. Irgendwann kam der Wunsch nach einem Treffen zur Sprache, welchen ich Annas Mutter mitteilte. Diese weigerte sich aber massiv, ihr Einverständnis dafür zu geben. Um ihr das Anliegen ihrer Tochter näherbringen zu können, bat ich sie, zu einem Gespräch in meine Praxis zu kommen. Es war wichtig, sie in unserem Boot zu haben, um keine Barriere zwischen Mutter und Kind zu schaffen. Wir brachten ihr unsere Ambitionen für ein Wiedersehen mit der Oma näher und so willigte sie schließlich doch ein. Ich hielt es für besser, das erste Treffen in meiner Praxis abzuhalten, um einen geschützten Rahmen für alle Beteiligten zu schaffen. Außerdem war der Mutter wichtig, dass keine Vorwürfe in ihre Richtung kommen würden. Als ich alle Punkte mit den jeweiligen Personen abgeklärt hatte und die Regeln feststanden, wurde ein Termin festgelegt.

Am besagten Tag hielten sich alle drei an die vereinbarten Absprachen, wodurch ein gutes, konstruktives Gespräch zustande kam. Annas Mutter stimmte deshalb weiteren Treffen zwischen Großmutter und Enkelin zu, wenn die Transparenz der Termine eingehalten werden würde. Als wir in weiterer Folge auf den Vater zu sprechen kamen, versicherte uns die Großmutter, diese beiden Dinge gut voneinander trennen zu können. Sie verstand ihren eigenen Sohn nicht, was den Abbruch des Kontakts zu seinem Kind betraf. Ihr war ihre Enkelin überaus wichtig und sie wollte sie unbedingt weiterhin treffen.

Am Ende erklärte sich die Kindesmutter dazu bereit, ihre Tochter zu deren Großmutter zu bringen und später auch wieder abzuholen. Noch in meiner Praxis wurden die nächsten Termine vereinbart, um sozusagen Nägel mit Köpfen zu machen.

Wie immer, wenn es zu neuen Annäherungsversuchen kommen soll, stellte ich mir die Frage nach der Umsetzbarkeit. Es ist wichtig, zwischen Theorie und Praxis zu unterscheiden. Deshalb biete ich meinen Klienten – in diesem Fall dem Mädchen – immer meine weitere Hilfe bei Problemen an. In diesem Fall vertraute ich der Kompetenz innerhalb der Familie, was sich auch bestätigte. Da in den nächsten

Wochen kein Anruf von Anna kam, ging ich davon aus, dass die Treffen wie vereinbart stattgefunden hatten und es keine Komplikationen gegeben hatte. Ihr Vater hat den Kontakt allerdings bis zuletzt verweigert.

Als Anna nach einem Jahr ihren letzten Termin bei mir hatte, schrieb sie folgende Worte in mein Klientenbuch:

„Es war eine sehr schöne Zeit hier bei dir. Danke, dass du es mir ermöglicht hast, wieder Kontakt mit meiner Oma aufzunehmen. Ich habe hier bei dir sehr viel über mich und meine Gefühle gelernt und ich bin dir dankbar, dass du mir geholfen hast und beigestanden bist. Hoffentlich werden wir uns eines Tages wieder zufällig begegnen.
Liebe Grüße, deine Anna"

1.6 Tragödie plus Zeit ist Komödie

In meiner Zeit als Beraterin habe ich vieles erlebt, gehört, nicht verstanden, hinterfragt und wortlos angenommen. Die nächste Geschichte brachte selbst mich zum Staunen darüber, wozu Eltern bereit sind, wenn es um das Wohl ihrer Kinder geht, welch' kreative und skurrile Ideen entstehen, um mit einer schweren neuen Situation umzugehen ...

Viele Eltern stellen sich folgende Frage: „Wie können wir es besser machen als die anderen Geschiedenen?" Ich denke, seinen individuellen Weg zu finden, der für beide Elternteile passt, ist legitim – doch nur, wenn dieser auch das Wohlergehen der Kinder beinhaltet.

Ein Elternpaar, das ich wegen seiner Eheprobleme schon vor Jahren bei mir in Beratung gehabt hatte, meldete sich erneut bei mir. Die Eheleute hatten Probleme mit ihrer 13-jährigen Tochter. Die beiden hatten sich mittlerweile getrennt und so war es zu der oben angesprochenen außergewöhnlichen Situation gekommen, die eine außergewöhnliche Maßnahme erforderte. Die Eltern hatten sich bereits zu Beziehungszeiten ein außergewöhnliches Versprechen gegeben: Sollte es je zu einer Trennung kommen, wollten sie die gemeinsame große Wohnung behalten und einfach für räumliche Trennung sorgen – so konnten die Eltern für beide Kinder zu gleichen Teilen da sein. Gesagt – getan: Als es tatsächlich zur Trennung kam, war die Wohnung in zwei gleich große Hälften geteilt worden. Die trennende Wand war mit einer Durchgangstüre versehen worden, welche verschließbar war. Durch diese Doppelresidenz sollte alles einen harmonischen und unkomplizierten Lauf nehmen – das war jedenfalls der Plan der Erwachsenen, doch sie hatten die Rechnung ohne ihre Kinder gemacht und so kam es, dass die 13-jährige Tina eines Tages in meiner Praxis saß. Das Mädchen hatte ständig Streitereien mit ihrer Mutter, weshalb mich die Eltern an einem schönen Frühlingstag letztendlich kontaktiert hatten. Als ich mir beim ersten Gespräch die Version des Kindes und dessen Lebenssituation erzählen ließ, bezeichnete dieses es in ihrem Schlusssatz nur als „eine Tragödie". Um ihre Sicht auf die Dinge näher zu veranschaulichen, erzählte Tina ungezwungen aus dem Nähkästchen:

„Meine Mutter ist eher ein Morgenmuffel und keine Frühaufsteherin, doch mein Vater ist genau das Gegenteil. Somit lassen wir Mama morgens schlafen und gehen zu

Papa frühstücken. Danach wechseln wir wieder zu Mama, da hier unsere Zimmer sind und somit die Kleidung ist. Mama ist jedoch auf Papa sehr böse, da sie möchte, dass die Türe verschlossen bleibt und nicht jederzeit die Wohnung gewechselt werden kann. Ich verstehe diese Ansicht gar nicht, denn Papa ist doch sehr nett und entlastet sie mit dieser Regelung. Außerdem hat er ihr fix zu gesagt, nicht ohne Vorankündigung ihre Räumlichkeiten zu betreten. Also warum regt sie sich immer so auf? Sie macht alles nur komplizierter und schlimmer. Das regt mich so auf!"

Aus diesen Schilderungen entstand für mich nun ein klares Bild von der außergewöhnlichen Lage. In den ersten paar Beratungsstunden versuchte ich die Situation des Mädchens dahingehend zu verbessern, dass ich ihm Möglichkeiten aufzeigte, anders damit umzugehen, sich das Beste herauszunehmen. Viele Scheidungskinder haben diesen Dreh schnell heraußen und picken sich die Rosinen aus dem Kuchen: Sie holen sich von einem Elternteil das, was sie beim anderen nicht bekommen. Dieser taktische Weg führt in weiterer Folge meist zu Konflikten zwischen den Geschiedenen und die Vorwürfe prallen von einer Seite zur anderen. Oftmals sind leider die Kinder die Sprachrohre zwischen den Parteien, was die Stimmung noch weiter aufheizt und solche Fälle oft zu mir oder vors Gericht treibt.

Tina und ich legten gemeinsam ein Buch für sie an, in dem sie jederzeit ausgearbeitete Tipps fand, auf die sie in Krisensituationen zurückgreifen konnte. Somit waren die ersten heftigen Emotionen abgefangen, die bislang die verletzenden Konflikte ausgelöst hatten. Die 13-Jährige war für ihr

Alter recht reif und reflektiert – und so stellte sich schnell ein Erfolg ein und die Situation zwischen Mutter und Tochter verbesserte sich. Ihre Strategie war es, den Streit aus der Distanz zu betrachten, um besser damit umgehen zu können. Dadurch war ihre Reaktion nicht mehr ganz so impulsiv und heftige Streitereien blieben aus.

Trotz dieser Fortschritte blieb die Wohnsituation auch weiterhin eine gewöhnungsbedürftige Herausforderung, worauf wir beschlossen, ein Drehbuch zu schreiben, also in der Beratung einen möglichen Ablauf zu erschaffen, der sich vom Negativen ins Positive wandelte. Den Anstoß zu diesem Drehbuch gab eine neue Entwicklung in der Geschichte: Vater und Mutter hatten bereits neue Partner an ihrer Seite gehabt, ohne dem jeweils anderen ein Wort davon gesagt zu haben. Beide Elternteile sahen sich außerdem auch nicht in der Lage, den Kindern vom neuen Partner zu erzählen. Aus dieser Hilflosigkeit heraus kam der Vater eines Tages zu mir in die Praxis, um mich um Rat zu bitten. Er fürchtete die Reaktion der Kinder und seiner Ex-Frau beziehungsweise wollte er die Konflikte nicht von Neuem fördern. Ich gab ihm den Rat, das Problem zuerst auf Elternebene mit seiner ehemaligen Frau zu besprechen, um den Kindern in einem nächsten Schritt gemeinsam von der neuen Situation erzählen zu können.

Doch es kam anders – wie es in dieser Geschichte wohl sein musste: Die Mutter kam dem Vater zuvor. Sie hatte ebenfalls jemanden kennengelernt, war frisch verliebt und erzählte ihren Kindern davon. Sie hatte mit den Worten: „Ich muss euch etwas sagen …“ begonnen. Ihr Ex-Mann wusste wie gesagt nichts davon und auch die Kinder hielten ihm gegenüber dicht, was die Mutter betraf. So fing er drei Tage später mit exakt denselben Worten „Ich muss euch etwas sagen …“ zu erzählen an, woraufhin seine Tochter lauthals zu lachen begann und meinte: „Ich weiß schon, was jetzt kommt: Du hast jemanden kennengelernt und bist verliebt!“ Der Vater war natürlich baff und erstaunt über die Reaktion der Kinder. Diese meinten nur: „Bei der Mama war es genauso, sie hat es uns vor zwei Tagen erzählt.“

Spätestens ab diesem Zeitpunkt war unser Drehbuch von einer Tragödie zu einer Komödie geworden und wir hatten vorwiegend Spaß in den weiteren Beratungsstunden, da Tina durch das neue Glück ihrer Eltern selbst auch endlich wieder glücklich sein konnte. Wir lachten viel und machten unsere Späßchen über die lustigen Umstände, welche wir auch schriftlich festhielten. Mit dieser Komödie als Hintergrund ließ ich Tina die Story Cubes würfeln.

Mein Gehirn ist irgendwie total am Rattern, wenn ich über das alles nachdenke. So, als würde man einen Film schauen und das Ende nicht erwarten können.

Ich finde es eine große Sache, die da auf einen zukommt, so, dass man glaubt, man könnte sie nie ganz erfassen. Eltern sind wie kleine Zelte – wenn man in sie hineingeht, offenbart sich die Wirklichkeit.

Doch wenn man es ausgetrunken hat, sieht man, was in ihm steckt.

Wenn man auf Schatzsuche ist, dauert es eine Ewigkeit, bis man den Schatz gefunden hat.

Wenn es hohe Wellen gibt, ist Aufregung in der Familie. Wenn es niedrige Wellen sind, ist das Wasser ruhig und alle sind glücklich.

Dass Schöne war, zu sehen, wie sich speziell die Mutter zum Positiven verändert hatte, als der neue Partner in ihr Leben getreten war. Sie wurde durch die neue Liebe zu einer anderen Frau, die fröhlich, gelassen und herzlich durchs Leben ging. Die Unzufriedenheit in ihrer Ehe hatte sie griesgrämig und mürrisch gemacht, woraufhin es auch zu Konflikten mit den Kindern gekommen war. Inzwischen hatten diese ein neues Ich ihrer Mutter entdeckt, das alle Türen öffnete.

Tina und ich waren eines Tages bei der letzten Geschichte unseres Drehbuches angekommen: „Die Zukunft kann eine unglaubliche Komödie werden." Die neuen Partner ihrer Eltern hatten endlich ein Gesicht und einen Namen bei den Kindern bekommen: „M & M". Zur Überraschung der Kinder war der Vater eines Abends durch die Durchgangstüre des Domizils gekommen, da er bei seiner Ex-Frau zum Essen eingeladen war. Die beiden Kinder konnten die Situation gar nicht fassen und wussten nicht, was passiert war, denn ihre Eltern verstanden sich plötzlich und die Mutter schien wie ausgewechselt zu sein. Sie lud ihren Ex-Mann sogar am nächsten Tag zum Frühstück ein. Vor allem Tina konnte nun endlich wieder unbeschwert leben – der Konflikt innerhalb der Familie war bereinigt. Die neue Freundin ihres Vaters war ein herzlicher Mensch, sodass sich Tina in deren Gegenwart wohlfühlte. Durch die neuen Partner sahen die Kinder ihre Eltern zum ersten Mal richtig glücklich und unbeschwert. Diese Tatsache erfüllte sie mit Freude und eine große Last fiel von ihren Schultern.

Zum Abschluss unserer Sitzungen gab ich Tina noch eine Aufgabe. Sie sollte Satzanfänge, die ich ihr zur Verfügung stellte, vervollständigen:

Cool war, … dass ich Mama und Papa noch einmal neu kennenlernen konnte und neue Seiten an ihnen entdeckte.

Fröhlich ist man, … wenn man weiß, dass es jemanden gibt, der einen liebhat.

Glücklich bin ich, … wenn ich sehe und höre, wie Mama und Papa mit ihren neuen Partnern telefonieren und dabei sehr glücklich sind.

Hie und da … denke ich über Mama und Papa nach; wie sie sich wohl fühlen, wenn sie über mich nachdenken.
Lustig ist es, … wenn man glaubt, jemanden zu kennen und diesen dann aus einem ganz anderen Blickwinkel neu entdeckt.

Miteinander kann auch bedeuten, … dass jemanden interessiert, wie dieser mit einer Sache auskommt und sich vergewissert, dass es demjenigen gutgeht.

Nachdem man ein gutes Buch begonnen hat, … will man es auch zu Ende lesen.

Oftmals können … noch Fragen oder Erstaunen aufkommen, aber manchmal ist es gut, dass man sich die Antworten selber ausdenken kann, ohne nach ihnen zu forschen.

Wahrscheinlich glaubt jeder, … dass Steine, wenn man sie loslässt, nach unten fallen. Aber was ist, wenn sie nach oben fliegen? Man kann dann über die Zukunft spekulieren, aber man kann sie nicht voraussagen.

Das war die Geschichte der 14-jährigen Tina, welche ich im Anschluss guten Gewissens aus der Beratungssituation entlassen konnte. Das Drehbuch war nun fertig, aus der Tragödie war eine Komödie mit tollen Zukunftsaussichten geworden – für mich das glückliche Ende einer außergewöhnlichen und spannenden Geschichte, das uns zeigt: Oftmals wendet sich das Blatt zum Guten.

1.7 Normal oder abnormal. Was ist schon normal?

Der Vater der 16-jährigen Sabrina kontaktierte mich, da es seiner Tochter in letzter Zeit psychisch schlecht ging: Es gab zwischen den beiden immer wieder Auseinandersetzungen und ihm fehlte der Zugang zu seinem Kind. Die Familie hatte schon seit Längerem die Scheidung hinter sich, über die das Mädchen aber nie wirklich hinweggekommen war. Die Eltern hatten eine Kontaktregelung gefunden, nach der die Kinder 17 Tage hintereinander beim Papa waren und anschließend 13 Tage bei ihrer Mama. Sabrina, die für ihre 16 Jahre noch auffallend kindlich war, fehlten die herzlichen Umarmungen ihrer Mutter, welche ihr Trost und Liebe vermitteln hätten können. Im Gegensatz zum Vater war die Mutter den Erzählungen der Jugendlichen nach eher kühl und reserviert den Kindern gegenüber, was ihrer jüngeren Schwester nicht so zusetzte wie meiner Klientin. Sie war eher introvertiert und benötigte es, dass man auf sie zuging, damit sie sich wirklich öffnen konnte. Ihre Schwester war couragierter, forderte und holte sich von ihrer Mutter, was sie brauchte – somit konnte sie besser mit der Trennung der Eltern umgehen.

Bei unserem ersten Treffen war meine neue Klientin noch unsicher und bereits nach einem Zehn-Minuten-Eingangsgespräch brach sie in Tränen aus. Sie war kaum zu beruhigen, obwohl die Scheidung bereits vier Jahre zurücklag. Das junge Mädchen litt noch so darunter, als wäre es gerade erst passiert. Das war so richtig zum Tragen gekommen, als der Vater die Familie seiner neuen Freundin in das gemeinsame Leben integrierte: Erst zu diesem Zeitpunkt hatte Sabrina realisiert, dass ihre Eltern für immer getrennt bleiben würden und es keinen Weg zurück zum alten Familienleben gab. Was erschwerend hinzukam, war, dass sie noch in der gemeinsamen Wohnung der ehemaligen Familie lebten und sich dort seit der Trennung nichts verändert hatte: Die Fotos von gemeinsamen Reisen und Familienfeiern hingen noch an der Wand, das alte Ehebett stand im Schlafzimmer und auch alle anderen Möbel waren an ihrem Platz geblieben. In den Tagen beim Vater lebten die beiden Schwestern gemeinsam und es schien, als wäre die Zeit stehengeblieben: Alles war beim Alten und in Ordnung – als würde ihre Mutter gleich vom Einkaufen zurückkommen und sich dann an den gemeinsamen Esstisch setzen, um vom Tag zu erzählen.

Sabrina fühlte sich wohl in dieser Umgebung und genoss die gemeinsame Zeit mit Schwester und Vater. Mit den neuen Lebensumständen des Vaters war sie allerdings massiv überfordert, da der bereits gemeinsam mit seiner Freundin nach einem Haus suchte, um sich ein neues Leben mit ihr an seiner Seite aufzubauen. Die Treffen sollten also in naher Zukunft dann auch dort stattfinden und es sollte sozusagen eine neue Familie mit gemeinsamen Fotos an der Wand entstehen. Die neue Lebensgefährtin brachte nämlich selbst zwei Kinder in die Beziehung mit, welche etwa im gleichen Alter wie Sabrina und ihre Schwester waren. Die Frau war bemüht, doch schaffte sie es nicht, an meine Klientin heranzukommen. Sabrina lehnte alles ab, was von ihr kam, bis die Freundin ihres Vaters schließlich aufgab. Es stellte sich also für die neu zusammengeführte Familie die Frage, wie es nun weitergehen sollte: Was sollte mit der alten Wohnung passieren und wie würden sie es schaffen, dass alle Familienmitglieder glücklich waren. Sabrina wollte die Wohnung keinesfalls aufgeben und wenn nötig in Zukunft alleine darin leben. So kam es, dass zwischen Vater und Tochter immer wieder Gespräche, aber auch Auseinandersetzungen stattfanden. Das Mädchen weigerte sich im Gegensatz zu den anderen Kindern nach wie vor, sich in die neue Familie einzufügen, zog sich immer mehr zurück und versank in einer Scheinwelt. So ging das eine Weile weiter: Sabrina fühlte sich nicht wohl, verkroch sich in ein Buch, während der Rest der Familie miteinander Spaß hatte. Somit entstand bei den anderen Familienmitgliedern das Gefühl, sie sei entweder immer gedanklich abwesend oder zu arrogant, um sich einzubringen. Ihrer Schwester fiel es hingegen leicht, die neue Situation anzunehmen.

In unseren gemeinsamen Gesprächen und der laufenden Beratung stellte sich bald heraus, dass nicht die neue Familie das Hauptproblem war, sondern die kühle Beziehung zur Mutter. All die Herzlichkeit und Liebe, die in der neuen Familie ganz normal schien, fehlte ihr bei der leiblichen Mutter zutiefst. Nähe, Zärtlichkeit und die Anerkennung, welche ihr Selbstsicherheit und Vertrauen geben sollten, waren für das Mädchen nicht spürbar. Die Skepsis nach der Trennung der Eltern war groß und die Angst vor Enttäuschung nahm Sabrina jede Chance, gut in ihrem neuen Leben anzukommen. Die Pläne des Vaters, ein gemeinsames Haus für alle zu finden oder das bestehende Heim der neuen Lebensgefährtin für alle passend auszubauen, fand keinen Zuspruch bei ihr. Im Gegenteil: Sie überlegte, ganz zu ihrer Mutter zu ziehen, um dem neuen Zuhause zu entgehen oder aber allein in der alten Wohnung zu bleiben, was sie sich trotz ihres Alters schon zugetraut hätte. Sollte dieser Fall eintreten, wollte sie, dass der Vater zu ihr auf Besuch kam, also nicht, wie es üblich war, umgekehrt.

Nach all ihren Erzählungen, ihrem Verhalten und der Rückmeldung des Vaters war der erste wichtige Schritt, sie und ihre Mutter näher zusammenzubringen. Sabrina musste den Mut fassen, ihre Bedürfnisse offen anzusprechen, die Wichtigkeit von fehlender Nähe selbst zu erkennen und mitzuteilen. Nur so konnte sie Nähe auch mit anderen nahestehenden Personen wieder leben. Es war kaum zu glauben, doch der momentane Ablauf der 13 Tage bei ihrer Mutter gestaltete sich so, dass Sabrina ohne Aufforderung von Seiten ihrer Mama den Haushalt erledigte. Das war ihre Taktik, die Mutter glücklich zu machen, um so Anerkennung und

Aufmerksamkeit zu bekommen. So kümmerte sie sich um die Wäsche, bügelte oder räumte auf. Immer brav, ordentlich und zuvorkommend zu sein war ihre Strategie, um Liebe und Nähe zu bekommen. Doch aufmerksames Zuhören und Umarmungen waren es, die dem Mädchen fehlten.

Nach unserem dritten Termin kam das Gespräch erneut auf das Thema „Umarmungen, Anerkennung und Nähe". Sabrina weinte wieder bitterlich und ich versuchte, sie zu beruhigen. Das Bedürfnis nach körperlicher Zuwendung ließ sie nicht los, doch bei ihrer Mutter lief sie gegen verschlossene Türen. Die Botschaft, die sie vermitteln wollte, kam beim Gegenüber einfach nicht an. Daraufhin entschloss ich mich kurzerhand dazu, unprofessionell und nicht den Regeln entsprechend, die Grenze zwischen Beraterin und Klientin ein wenig zu lockern: Ich fragte Sabrina, ob es für sie in Ordnung wäre, wenn ich sie umarmte und ob sie das gerne hätte. Sie antwortete sofort mit: „Ja, bitte!" Als ich sie umarmte, hängte sie sich an mich wie ein kleines Kind, welches sich nach Nähe verzehrte. Ich drückte sie und gab ihr den Trost, den sie so sehr benötigte. Als sie sich an diesem Tag schweren Herzens von mir verabschiedete, vereinbarten wir, von nun an nach jeder Sitzung diese Umarmung als Ritual zu vollziehen. Dieser Gedanke beruhigte sie und auf diese Art schaffte ich es, dass sie ihr Herz langsam wieder für Nähe öffnete.

Leider kommt es gar nicht so selten vor, dass Elternteile, die selbst wenig körperliche Nähe in ihrer Kindheit erfahren hatten, diese dann auch nicht an ihre Kinder weitergeben können. Oft erkennen Eltern das jedoch erst im Rahmen einer professionellen Beratung. Ein gezieltes Ansprechen darauf bewirkt schon die erste Veränderung und Eltern hinterfragen daraufhin endlich ihre eigene Lebensgeschichte und suchen in Folge eine Gesprächstherapie auf.

Zurück zu Sabrina: Bei unserem nächsten Termin vermittelte ich ihr mein tiefes Verständnis dafür, dass ihr die Nähe zu ihrer Mutter fehlte. Ich erinnerte sie aber auch daran, dass sie in ihrem Umfeld so viele Menschen hatte, mit denen sie dieses Defizit auffüllen könnte. Ihr Vater war ein wirklich herzlicher und offener Mensch, der sich sehr um das Wohlbefinden seiner Tochter sorgte. Ich erklärte ihr deshalb, wie sehr er sich darüber freuen würde, wenn seine Tochter Umarmungen zuließe. Ich zeigte ihr auf, dass sie bei ihm Nähe bekommen konnte, ohne etwas dafür tun zu müssen – nur weil sie sie selbst war und er sie liebte. Auch diese Sitzung schlossen wir mit einer Umarmung ab und so wurde das tatsächlich zu einer unausgesprochenen Selbstverständlichkeit. Denn genau das wollte ich bei ihr erreichen, um den Druck aus der Sache herauszunehmen: Es sollte für Sabrina selbstverständlich werden, Nähe zu leben.

Als der richtige Zeitpunkt gekommen war, beschäftigten wir uns intensiv mit dem Thema rund um die Mutter. Ich gab dem Mädchen die Aufgabe, die guten und schlechten Seiten seiner Mama aufzuschreiben. Wie sich herausstellte, war das keine einfache Aufgabe für meine Klientin. Bei solchen Aufzählungen neigen nämlich viele dazu, die schlechten Eigenschaften in den Vordergrund zu stellen – auch bei Sabrina war dies deutlich spürbar.

Ohne jede Mühe zählte sie einen negativen Wesenszug nach dem anderen auf, doch das Gute blieb aus:

- Sie kann nicht gut mit Geld umgehen.
- Sie ist nicht ehrgeizig.
- Sie ist oft trotzig.
- Sie ist nicht sparsam.
- Sie spricht schlecht über Papa.

Bei den guten Eigenschaften musste sie lange überlegen und letztendlich kam auch nicht sehr viel dabei heraus, was mich persönlich ein wenig traurig machte. Doch als Beraterin muss ich jede Situation so nehmen, wie sie ist. Einen positiven Aspekt sah sie allerdings im neuen Freund ihrer Mutter, da sie selbst gut mit diesem auskam. Mit ihm führte sie lange Gespräche und Sabrina genoss die gemeinsame Zeit. Der betreffende Mann war aus ihrer Sicht eine Bereicherung im Leben der Mutter.

Ein neues Thema tat sich auf, nachdem Sabrina mit ihren Freundinnen in der Stadt shoppen gewesen war. Folgendes war dabei passiert, wie sie mir später erzählte: Sie probierten einige Kleider und hatten ihren Spaß dabei. Ein Kleid passte ihr besonders gut, doch fehlte ihr als Schülerin das Geld dafür und so ging sie, ohne es zu kaufen, wieder heim. Da es ihr so gut gestanden hatte, wollte ihr dieses eine Kleid nicht aus dem Kopf gehen. Sie hätte es wirklich gerne gehabt, doch es wäre ihr nie in den Sinn gekommen, ihre Mama um die 40 Euro zu bitten. Da ihre Mutter selbst zu viel Geld ausgab und sie das sogar an ihr kritisierte, passte dieser Gedanke nicht in ihr Konzept. Somit war das keine Option für sie und ihr Stolz setzte sich durch. Beim nächsten Besuch bei ihrem Vater erzählte sie vom lustigen Shoppingnachmittag mit ihren Freundinnen und schwärmte von dem tollen Kleid. Jede ihrer Freundinnen hatte sich etwas Nettes gekauft, um bei der nächsten Party hübsch auszusehen, nur Sabrina nicht. Ihr Papa bot ihr sofort an, das Kleid zu kaufen, doch sie wehrte sich energisch, denn sie wollte ihren Eltern nicht auf der Tasche liegen.

Ich klärte sie dann in unserer Sitzung darüber auf, dass ihre Eltern für sie verantwortlich sind, solange sie noch kein eigenes Einkommen hat. Es gehörte deshalb zu den elterlichen Pflichten, ihr Kleidung zu kaufen und sie brauchte diesbezüglich kein schlechtes Gewissen zu haben. So musste ich sie überreden, ihre Mama doch noch nach dem Geld zu fragen. Sie willigte schließlich ein, doch nur unter der Bedingung, die Hälfte von ihrem Taschengeld selbst zu bezahlen. Damit war auch ihre Mutter einverstanden, als sie diese fragte und so glänzte sie wie ihre Freundinnen bei der nächsten Party mit ihrem neuen Kleid.

Etwa später war die Urlaubszeit gekommen und Mutter wie Vater schmiedeten Pläne für den Sommer: Sabrina sollte mit ihrer Mama eine Woche ans Meer fahren und mit dem Papa und dessen neuer Familie Urlaub in Österreich machen. Beide bevorstehenden Urlaube bereiteten dem Mädchen Sorgen und stellten somit eine große Herausforderung dar. Aus diesem Grund erarbeitete ich mit Sabrina „Schlachtpläne", um den jeweiligen Urlaub genießen zu können. Für die Woche mit ihrer Mama war es wichtig, eine Strategie auszuarbeiten, die nicht gelebte Zuneigung nicht persönlich zu nehmen, sich ihren Stärken zu widmen und sich nicht gekränkt zu fühlen, wenn es nicht so laufen sollte, wie sie es sich wünschte. Für den geplanten Urlaub mit ihrem Vater samt Familie galt es, darauf zu achten, dass sie die gemeinsame Zeit genießen konnte und sich selbst nicht ausgrenzte.

Sabrina fühlte sich allerdings beim Vater nicht mehr als der Mittelpunkt seines Lebens, da sich seine Aufmerksamkeit nun auf mehrere Personen aufteilte. Sie verweigerte wohl deshalb das gemeinsame Essen im Urlaub, was natürlich auf alle Beteiligten Auswirkungen hatte. Das entspannte Urlaubsgefühl sank spätestens dann auf den Tiefpunkt, als es zu einer Diskussion zwischen der Tochter und ihrem Vater kam. Nur widerwillig bestellte sie sich ein Gericht, woraufhin die Lebensgefährtin des Vaters und auch deren ältere Tochter androhten, nicht mehr mit ihr in den Urlaub fahren zu wollen. Um den aktuellen Urlaub doch noch irgendwie zu retten, machte ihr Vater einen langen Spaziergang mit ihr. Er wollte seiner Tochter endlich wieder näherkommen und wissen, worin ihr Problem lag, warum sie sich so gegen sein neues Leben wehrte und sich sichtlich nicht wohlfühlte. Er versuchte, ihr zu vermitteln, dass ein schönes und angenehmes Familienleben für alle möglich wäre, wenn sie sich dazu bereiterklären würde, er wollte ihr klarmachen, dass sie aus dieser Situation nur als Gewinnerin hervorgehen konnte. Wenn sie sich der offenen Art der neuen Familie anschließen würde, würde sie durch die Nähe und Liebe sofort das Gefühl bekommen, dazuzugehören. Er sagte ihr, wie sehr er sie liebte und dass er nur das Beste für sie wollte: Sie sollte glücklich sein – das war das Wichtigste für ihn, erklärte er.

Sabrina zeigte ihm jedoch auf, dass er ihrem Gefühl nach zu wenig hinter ihr stand und sie insgesamt zu wenig Nähe und Rückhalt in ihrem Leben hatte.

Nach dem Urlaub lud ich Vater und Tochter zu einem gemeinsamen Gespräch in meine Praxis ein. Ich wollte, dass die an sich innige Beziehung der beiden nicht auch noch ins Wanken geriet. In der Beratung hatten beide die Gelegenheit, dem anderen die eigenen Sorgen und Bedürfnisse näherzubringen und ich konnte helfend vermitteln. Im Vordergrund des Gespräches stand nach wie vor der Umzug ins neue Haus. Dem Vater war wichtig, dass seine Töchter einen guten Platz in ihrem gemeinsamen Heim finden würden. Er wollte es allen recht machen, wusste aber aus Erfahrung, dass das nicht funktionierte.

Patchwork ist und bleibt für jede Familie eine große Herausforderung. Nur durch regelmäßige offene Gespräche kann dies gelingen. Niemand sollte sich als Außenseiter fühlen oder gar das Gefühl haben, zurückgestellt zu sein.

Sabrina vermittelte noch einmal, wie es ihr mit der neuen Situation ging, und wenn ihr die passenden Worte fehlten, half ich ihr, diese zu finden. Der Austausch brachte uns einen großen Schritt nach vorne und sogar den gewünschten Erfolg, da wir für alle eine passende Vereinbarung treffen konnten: Sabrina war nun bereit, sich auf die neue Freundin ihres Vaters näher einzulassen, ihr endlich eine Chance zu geben, sie näher kennenzulernen. Diese war ja schon öfter auf meine Klientin zugegangen, doch sie hatte jeden ihrer Versuche einfach ignoriert – eine für den Vater schwierige und verzweifelte Lage, da das neue Liebesglück darunter litt und den Eltern natürlich auch das Glück der Kinder am Herzen lag. Diese sollten das gleiche Glücksgefühl und die neue Chance dahinter erkennen. Oft sehen Kinder das natürlich ganz anders.

Der Vater erklärte, dass er nur glücklich sein könnte, wenn auch sie es war. Diese Worte verfehlten ihre Wirkung nicht: Die Zurückstellung in Sabrinas Kopf löste sich auf. Sie ließ sich tatsächlich auf ein alleiniges Treffen mit der neuen Partnerin ihres Papas ein, denn sie hatte das Bedürfnis, auch dieser ihre Gefühle und Ängste aufzuzeigen. Die Freundin reagierte in Folge äußerst verständnisvoll und konnte ihre Sicht nachvollziehen. Natürlich war es hilfreich, dass sie selbst Kinder hatte und es auch hier ab und an Probleme in diese Richtung gab. Sabrina fand dadurch eine weibliche Bezugsperson, mit der sie offen reden konnte, denn Gefühle zu zeigen und zu leben war hier kein Problem. Sie erkannte endlich, dass die neuen Familienmitglieder eine Bereicherung für sie sein konnten. Zur großen Freude des Vaters erzählte sie voller Begeisterung von diesem Treffen und dass sie seine Freundin wirklich nett fand. Sie hatte im Gegensatz zu ihrer Schwester etwas länger gebraucht, doch nun war auch sie endlich in der neuen Familie angekommen.

Die 17-und-13-Tage-Regelung sollte – solange es die beiden Mädchen wollten – auch im neuen Haus aufrecht bleiben. Es war jedoch noch immer unklar, was mit der ehemaligen gemeinsamen Wohnung passieren sollte. Alte Bilder und Erinnerungen passten nicht mehr zum aktuellen Leben. Als ich erneut mit Sabrina darüber sprach, hatte sie einen Kloß im Hals und die Tränen standen ihr in den Augen. Große Veränderungen bereiteten ihr immer noch Probleme. Um sie zu unterstützen und ihr die Angst zu nehmen, ließ ich sie ihre eigenen Gedanken und Empfindungen niederschreiben. Damit zeigte ich ihr auf, dass es an ihr lag, zu entscheiden, was für sie richtig und was falsch war. Das hing von ihrer Einstellung und ihrem Weltbild ab. Dieses Aufzeigen veränderte ihr Verhalten der Mutter gegenüber, was wiederum auch bei dieser eine Veränderung verursachte. Aktion – Reaktion! Nicht umsonst gibt es den Spruch „So wie man in den Wald hineinruft, so kommt es auch zurück!" Jede Aktion ruft eine Reaktion hervor – egal, in welchen Bereichen unseres Lebens. Daraus eine Challenge zu machen und das bewusst bei Menschen auszuprobieren, ist wirklich spannend! Man merkt plötzlich, welche Macht sich daraus ergibt, Situationen bewusst zu steuern.

Deutlich zu spüren war die Veränderung, als die Mutter mit ihren Töchtern einen London-Trip machte. Die beiden Mädchen wurden mit dieser Reise überrascht, was natürlich sehr gut ankam – ein „Dreimäderlurlaub", wie ihn sich heranwachsende Teenager wünschen: Typische Frauengespräche, shoppen und weitere gemeinsame Aktivitäten verbesserten das Verhältnis zur Mutter wesentlich.

Nach sechs Monaten der Beratung war es nun so weit, diese abzuschließen. Zum üblichen Abschlussgespräch hatte ich Sabrinas Vater eingeladen. Wir besprachen noch einmal, ob das Mädchen allein in der ehemaligen Familienwohnung bleiben oder doch mit der neuen Familie aufs Land ziehen sollte. Diese Entscheidung konnte allerdings noch nicht getroffen werden. Sabrina vermittelte ihrem Vater, dass sie mehr Zeit benötigte, um diese Wahl zu treffen. In der Freude des neuen Liebesglücks hatte sein Vater übersehen, dass sein Kind noch nicht so weit war und sie so den guten Draht zueinander beinahe verloren hätten. Beim letzten Treffen vermittelte Sabrina ihm das noch einmal klar und deutlich. Aufmerksam lauschte der Vater den Worten seiner Tochter, denn ich hatte sie gebeten, ihre Wünsche noch ein weiteres Mal mit lauter und erhobener Stimme zu formulieren. Dieses Vorgehen war wichtig, um ihr für die Zukunft die Fähigkeit mit auf den Weg zu geben, ihrem Umfeld ein klares Bild von ihren Bedürfnissen zeichnen zu können. Nur so konnte es zu keinen Missverständnissen kommen. Sie musste ihr eigenes Tempo gehen können, was ihr gutes Recht war. Zudem wollte sie in alle anstehenden Entscheidungen stärker einbezogen werden, worin ihr Vater sofort einwilligte. Die schönste Geste machte jedoch der Abschied dieses Gespräches aus, denn Vater und Tochter fielen einander um den Hals.

Beim Verabschieden fragte ich Sabrina, ob wir uns noch ein letztes Mal umarmen sollten. Sie bejahte und ich fragte ihren Vater, ob er denn von unserem Ritual wüsste, was er bestätigte. Sie umarmte mich, woraufhin ihr Papa gerührt mit einem Nicken reagierte. Ich erklärte ihm, dass das eigentlich unprofessionell und nicht üblich war. Doch Sabrina war das erste Mädchen, bei dem ich es angemessen fand, diese Nähe zuzulassen. Der Vater befand das für gut und bedankte sich herzlich dafür.

In der Kinder- und Jugendberatung wird man oft zur Projektionsfläche für die Klienten. Man verkörpert sozusagen vorübergehend die Eltern und deshalb sind Kreativität und Anpassungsfähigkeit im Verhalten gefragt. Das Verlangen des Mädchens nach körperlicher Nähe zu einem weiblichen Mentor war so groß gewesen, dass ich mich dafür zur Verfügung stellte. So bewirkte ein Ritual ein kleines Wunder bei der Heilung der großen Wunden. Herzlichkeit und Umarmungen sind nun mal das Grundbedürfnis jedes Menschen – dies gilt es nie zu vergessen.

Nach nur einem halben Jahr der Begleitung hatte eine Familie wieder zu sich gefunden und konnte ein normales, gutes Leben weiterführen. Dieser Umstand bildete sicher auch die Voraussetzung dafür, dass Sabrina selbst einmal eine gute Mutter werden kann. Ich bin dankbar, dass ich mit dieser Klientin arbeiten durfte, denn es war besonders berührend und ich konnte intuitiv viel bewegen.

1.8 Vom Zuhören und Reden

Die Rainbows-Organisation mit Bundesleitung in Graz und Anlaufstellen in den Bundesländern bietet nicht nur Beratungsgruppen für Kinder im Alter von vier bis 14 Jahren, sondern ebenso für Jugendliche von 15 bis 18. Letztgenannte laufen unter dem Namen „Youth" und fangen Kinder im pubertären Alter nach Trennungen auf. Denn egal, in welcher Entwicklungsphase oder in welchem Alter Kinder auch sind – die Scheidung der eigenen Eltern trifft sie immer schwer. Durch diese Trennung zerbricht eine kindlich aufgebaute heile Welt, die danach Stück für Stück wieder aufgestellt werden muss. Umso besser ist es, wenn dies in jungen Jahren gelingt, denn je früher, desto mehr Vertrauen kann in die eigenen zukünftigen zwischenmenschlichen Beziehungen fließen. Ist das Vertrauen jedoch durch dramatische Trennungen gestört, wird es schwer sein, als Erwachsener beziehungsfähig zu sein. Unsere Eltern sind unser Vorbild. Sie sollten uns Beziehung, aber auch Trennung vorleben, wie man sie richtig macht. Das sollten wir nie vergessen, denn erst dadurch kann für alle Beteiligten etwas Neues und Gutes entstehen und wachsen.

Eines Tages landete der Fall zweier Scheidungsgeschwisterkinder im Alter von acht und 16 Jahren über Rainbows bei mir auf dem Tisch. Lisa, die jüngere der beiden Schwestern, konnte sich innerhalb der Gruppe gut entwickeln und lernte, mit der Trennung der Eltern umzugehen. Da es wie gewöhnlich zwischenzeitlich Gespräche mit den Angehörigen gab, um über den Verlauf in der Familie zu reden, lernte ich im Zuge dessen die ältere Schwester Karin kennen. Beide Mädchen hatten unterschiedliche Väter, was die Situation noch komplizierter machte. Die Mutter war mit keinem der beiden Kindsväter mehr zusammen und hatte mittlerweile eine neue Liebe gefunden. Somit saßen die beiden Kinder im selben Boot, durchlebten ihre Erfahrungen jedoch in unterschiedlichen Entwicklungsphasen, was es aber keineswegs für eine der beiden leichter machte. Zu Hause kam es regelmäßig zu Streitigkeiten, die speziell die Mutter und ihre 16-jährige Tochter betrafen. Die beiden fanden keinen gemeinsamen Weg, um friedlich unter einem Dach leben zu können und so musste dringend eine Lösung her. Es war klar, dass die Jugendliche ebenso die Hilfe von Rainbows benötigte, um wie ihre kleine Schwester mit der neuen Situation umgehen zu lernen.

Um beide Fälle getrennt voneinander bearbeiten zu können, warteten wir ab, bis die jüngere Schwester aus der Gruppe entlassen werden konnte, was uns nach einem halben Jahr erfolgreich gelang: Die Achtjährige hatte die Beratung gut abgeschlossen. Ich startete gleich im Anschluss die „Youth"-Gruppe, in der die 16-Jährige nun unterkam. Sie fühlte sich glücklicherweise wohl und gut aufgehoben. Im Gegensatz zu den Kindern lief es zwischen den getrennten Elternteilen nicht besonders gut und so verordnete die Richterin den beiden fünf bis zehn Stunden Erziehungsberatung laut §107. Dieses Recht hatte sie, wenn die Eltern sich nicht zum Wohle der Kinder verhielten oder zu keiner bestmöglichen Einigung in Bezug auf die Besuchszeiten kamen. Die Kosten dafür mussten die Eltern selbst tragen. Die Richterin empfahl, die Erziehungsberatung ebenfalls bei mir zu machen, da ich die Familiengeschichte mittlerweile gut kannte. Diese Treffen fanden jedoch in meiner eigenen Praxis statt und so vereinbarten wir für alle einen gemeinsamen Termin. Wie zuvor schloss ich jedoch zuerst den Fall der 16-Jährigen in der „Youth"-Gruppe ab, um in keinen Gewissenskonflikt zwischen den Parteien zu kommen und startete dann in Absprache mit Karin die neue „Erwachsenengruppe". Diese freute sich sehr darüber und meinte: „Jetzt bekommen meine Eltern endlich ein Kommunikationstraining."

In unserer ersten Sitzung erzählte ich den Eltern schmunzelnd von der Reaktion ihrer Tochter. Das brach das Eis, denn sie nahmen Karins Aussage mit einem Lächeln zur Kenntnis. Um die in unseren Stunden aufgebaute Gesprächsbasis auch außerhalb der Beratung aufrechtzuerhalten, erstellte ich eine WhatsApp-Gruppe mit dem Namen „Kommunikationstraining 2.0", in welche das ältere Mädchen ebenfalls miteinbezogen wurde. Leider waren die Streitigkeiten zwischen Mutter und Tochter inzwischen so weit gekommen, dass Karin zu ihrem Vater ziehen wollte. Schon in der „Youth"-Gruppe hatte sie das angesprochen, da das Zusammenleben für sie unerträglich geworden war. Sie hatte diesen Entschluss ohne das Einverständnis ihrer Mutter gefasst, was eine große Herausforderung für beide Elternteile darstellte, da es galt, sich auf eine neue Situation einzustellen. Es war also das Ziel der Erziehungsberatung, den Umzug vorzubereiten und den Dialog zu schaffen, damit Karin gut bei ihrem Vater ankommen konnte. Das bedeutete eine große Umstellung für alle Beteiligten, weshalb offene und ehrliche Gespräche notwendig waren.

Als die Eltern ihre gemeinsame Tochter bekommen hatten, waren sie selbst gerade einmal 16 Jahre alt gewesen. Sie hatten sich damals bei einem Psychiatrieaufenthalt kennengelernt und verliebt – und dann ausnehmend früh ein Kind bekommen. Jetzt, wo das Mädchen im selben Alter war, wie die beiden es damals gewesen waren, machte sich die Mutter große Sorgen. Karin sollte nicht den gleichen Weg einschlagen, sondern in eine unbeschwerte Zukunft starten. Doch gerade die Angst, sie könne ebenso jung Mutter werden, machte es den beiden schwer, auf einen gemeinsamen Nenner zu kommen. Die richtige Dosierung zwischen Erziehen und Loslassen bedeutet für viele Eltern eine Gratwanderung. Karin hatte wegen ihrer durchwachsenen Kindheit einen Tick entwickelt, der immer in unpassenden Momenten zum Vorschein kam: Unter Stress oder großer Anspannung überkam sie ein nervöser Schluckauf. Dieser war psychisch bedingt und konnte nur über Entspannung und durch professionelle Beratungsgespräche verringert werden.

Um den Druck ein wenig zu mildern, half ich den Eltern bei der Organisation des Umzugs. Gemeinsam saßen wir in meiner Praxis, planten, diskutierten und organisierten. Zum ersten Mal seit langer Zeit waren alle an einen Tisch gekommen und machten sich zusammen Gedanken, wie es nun weitergehen sollte. Mit großer Wertschätzung machte ich die Eltern darauf aufmerksam, welche große Leistung sie hier und jetzt vollbrachten und auch schon in so jungen Jahren vollbracht hatten, denn obwohl sie selbst noch Kinder gewesen waren, hatten sie stets ihr Bestes für Karin gegeben. Eine spezielle Vorbereitung benötigte der Vater, denn er musste sich darauf einstellen, nun bald eine Pubertierende im Haus zu haben. Sein Leben würde sich dadurch von Grund auf ändern – das wurde ihm nun klar. Diese Situation bildete eine neue Herausforderung, durch die die Familie in Zukunft ehrliche und offene Gespräche führen musste.

Karin hatte seit längerer Zeit einen festen Freund, mit welchem die Kindesmutter gar nicht klarkam. Sie lehnte ihn mit dem Urteil, dass er nicht zu ihrer Tochter passte, ab. In der Zeit, als die junge Mutter noch als Putzperle über die Runden kommen musste, hatte sie einmal pro Woche in der

Familie des jetzigen Freundes ihrer Tochter sauber gemacht. Damals noch ein Kind, hatte sich der Junge sehr über ihre Besuche gefreut. So verstand der junge Mann die Ablehnung ihm gegenüber nicht, vor allem auch, weil die Situation aktuell eine ganz neue war. Karins Mutter hatte sich mittlerweile beruflich umorientiert und machte gerade eine Ausbildung zur Diplomkrankenschwester. Sie schuf sich am zweiten Bildungsweg eine neue Chance, um die versäumte Ausbildung in der Jugend nachzuholen. Auch das war ein wichtiger und tapferer Weg. Beide Töchter waren auch stolz, eine so starke Frau als Mutter zu haben, gerade wo sie diese zwei Jahre zuvor fast verloren hätten. Die Mutter war damals nämlich an einer Lungenentzündung erkrankt und war von den Ärzten bereits aufgegeben worden. Sie hatten den Kindern sogar geraten, sich von ihrer Mutter zu verabschieden. Dieses prägende Erlebnis hatte speziell bei der großen Tochter starke Spuren hinterlassen, unter welchen sie immer noch litt. Die Sorge um das Ableben ihrer Mama hatte auch ihren Tick ausgelöst, der sie nach wie vor beeinträchtigte.

All diese dramatischen Erlebnisse hatten wir bereits in der Rainbows-Gruppe gemeinsam aufgearbeitet, sodass jeder der Jugendlichen einen für ihn passenden Teil mitnehmen konnte. Das ist die große Qualität einer Gruppe: Einer nimmt vom anderen etwas mit und gemeinsam wächst man über sich selbst hinaus. Zuhören, mitfühlen, eine neue Sichtweise auf die Situation gewinnen und einen lösungsorientierten Weg einschlagen – das waren schon damals die zentralen Punkte innerhalb einer solchen Gruppe.

Um die Gesprächsbasis zwischen Mutter und Tochter wieder zu verbessern, lud ich sie jeweils mit ihren Partnern in meine Praxis ein. Denn solange die Ablehnung der Kindesmutter gegenüber Karins Freund nicht offen thematisiert wurde, konnte sich nichts zum Positiven verändern. Über die Erziehungsberatung §107 hinaus saßen nun alle Beteiligten an einem Tisch und alles konnte offengelegt werden. Die wichtigste Frage lautete: „Was müsste sich ändern, damit die Tochter und ihr Freund der Familie gegenüber wieder zugänglicher wurden?" Zusätzlich galt es auch noch folgende Frage zu beantworten: „Was würde sich das Paar von den beiden Jugendlichen wünschen und erwarten?"

Eines war klar: Eine neue Vertrauensbasis musste aufgebaut werden – vor allem, weil Karin schon mehrmals von zu Hause weggelaufen war und aus diesem Grund die Polizei eingeschaltet werden musste. Die Mutter hatte sich jedes Mal große Sorgen gemacht. Karins Freund deckte seine Partnerin in jedem dieser Fälle und genau deshalb vertraute ihm die Mutter wohl nicht. Sie fand zu ihrem pubertierenden Kind keinen Zugang und gab dem Freund die Schuld dafür. Auch Hausverbot hatte nichts verändert. Im Gegenteil: Diese Reaktion der Mutter brachte das Mädchen überhaupt erst zu dem Entschluss, beim Vater leben zu wollen. Diese Entscheidung war zur Kinder- und Jugendhilfe weitergeleitet worden, da das Mädchen noch minderjährig war. Die Zuständigen der genannten Institution begrüßten den durch den geplanten probeweisen Umzug entstehenden Abstand zur Mutter, da aus ihrer Sicht nur so ein Neuanfang möglich war.

Auch ich war diesbezüglich ganz auf der Seite der Pflegschaftsbehörde, da nur durch eine gesunde Distanz wieder eine gesunde Nähe entstehen kann.

Der Vater entwickelte sich mittlerweile zu einer großen Stütze, da er die Lage auch aus einer gewissen Distanz verfolgte. So versuchten wir gemeinsam zwischen den festgefahrenen Lagern zu vermitteln. Bewusst saßen die Mutter und ihr Freund gegenüber der Tochter und deren Freund – und der Vater und ich auf der jeweiligen Kopfseite des Tisches. Zwei verliebte Paare saßen einander gegenüber und fanden nicht zueinander. Das musste sich ändern.

Ich stellte folgende Frage in den Raum: „Warum sind wir heute hier?" Ein langes Schweigen folgte, doch dann ergriff die Mutter das Wort und fing an, vom Tag des Auszuges ihrer Tochter zu erzählen: Als bereits alles eingepackt, verstaut und zum Vater übersiedelt worden war, kam Karin gemeinsam mit ihrem Freund noch einmal zurück: Sie sperrte die Türe auf, um sich ein Spiel abzuholen, das sie vergessen hatte. Ihre Mutter lag gerade auf dem Sofa, worauf die Tochter spontan meinte: „Du schaust tot aus!" Nach dieser Aussage drehte sie sich am Absatz um und die beiden verließen die Wohnung wieder. Die Mutter war geschockt. Sie hatte Folgendes verstanden: „Du schaust scheiße aus!", woraufhin sie beschloss, ihrem Kind bei nächster Gelegenheit die Wohnungsschlüssel abzunehmen. Der Freund der Tochter, welcher die Situation natürlich mitbekommen hatte, bezeugte, dass Karin „Du schaust tot aus!" gesagt hatte. Zwischen „tot" und „scheiße" liegen natürlich Welten, denn unter „tot aussehen" versteht man in unserem Sprachraum: „Du siehst erledigt aus!“ Aber „scheiße“ ist schlichtweg respektlos. In dieser Sitzung kam eines klar ans Tageslicht: In die Worte des jeweils anderen wurde viel hineininterpretiert – oder aber die beiden hörten einander einfach nicht richtig zu.

Das ist ein typisches Beispiel für Probleme, die es in vielen Familien und anderen zwischenmenschlichen Beziehungen gibt: Jeder hört nur das, was er hören will – oder hört dem anderen gar nicht richtig zu. Wenn dann auch noch der Blickkontakt gemieden wird und das Herz verschlossen bleibt, nimmt das Schlamassel auch schon seinen Lauf. Das klingt jetzt ein wenig zynisch, doch es entspricht voll und ganz der Realität unserer heutigen Gesellschaft: Um richtig zuzuhören, fehlt uns leider die Zeit.

An dieser Stelle der Beratung erzählte ich eine Geschichte aus meiner Familie, die ich vor einigen Jahren mit meinem Sohn erlebt hatte: In einer Streitsituation hatte er gemeint: „Deine Enkelkinder wirst du nie sehen!“ Das war mir zu viel gewesen und so hatte auch ich ihm die Schlüssel zur Wohnung abgenommen, da ich aufgrund dieser Bemerkung verletzt und gekränkt gewesen war. Eines hatte ich dabei jedoch nicht bedacht: Diese Geste hatte einen starken symbolischen Wert, denn „Ich verschließe vor dir meine Tür“ heißt so viel wie: „Ich verweigere dir den Zutritt.“ Diese Zurückweisung später wiedergutzumachen, dauerte lange. Ich hatte damals zwar gewusst, dass mein Sohn bei seiner Freundin gut untergebracht war, und doch war es mir einige Zeit richtig schlecht gegangen. Ich hatte daraufhin immer wieder versucht, auf ihn zuzugehen, meine Reaktion zu erklären, damit die Lage sich entschärfen und wir uns wieder in den Arm nehmen konnten. Ich sage Ihnen, das war ein langer und harter Weg! Es war ein einziger Satz gewesen, der das Fass zum Überlaufen gebracht hatte – ein Satz, der im Streit ausgesprochen worden war, doch noch lange eine Mauer zwischen uns aufrechterhalten sollte. Die Frage ist also, ob es sich wirklich lohnt, die Türe zu verschließen? Wir hatten es geschafft, einander emotional wieder zu begegnen, allerdings bedarf das viel Arbeit und Herzenswärme.

Diese Geschichte ließ ich fürs Erste auf alle Beteiligten wirken. Stille und Nachdenklichkeit lagen im Raum. Die Mutter verstand, worauf ich hinauswollte und lenkte nach einiger Zeit ein. Sie schilderte ihre Verletzungen und Kränkungen, erklärte, was an der gesamten Situation unerträglich für sie geworden war. Die Tochter hörte gespannt zu. Nach kurzer Zeit unterbrach ich, um das Gespräch in eine andere Richtung zu lenken. Wir hatten jetzt so viel von dem gehört, was alles nicht passt – ich bat sie nun aufzuzählen, was sie jeweils am Gegenüber schätzten und liebten, denn so hoffte ich es zu schaffen, dass sich die Streitparteien wieder in einem neuen und anderen Licht wahrnehmen würden. Die Tochter meldete sich sofort zu Wort und meinte: „Mama, ich schätze an dir … " Doch ich unterbrach sie an dieser Stelle, da ihre Mutter auf den Boden starrte. „Bitte, Frau N., schauen Sie Ihrer Tochter in die Augen!" Die Jugendliche setzte unter Tränen ihren Satz fort: „Ich schätze an dir deinen Ehrgeiz, mit dem du deine Ausbildung machst! Ich hatte furchtbare Angst, als du damals fast gestorben wärst! Die Ärzte wollten, dass wir uns von dir verabschieden!" Während sie weiterredete, brach all die damalige Belastung aus ihr heraus. Ich tröstete sie und als sie sich ein wenig gefasst hatte, wandte ich mich ihrer Mutter zu. Ich wollte wissen, was von den Worten ihrer Tochter bei ihr angekommen war. Darum bat ich sie, diese zu wiederholen. Sie überlegte lange, da sie die Worte ihrer Tochter schon länger nicht mehr wirklich gehört und sich ihr gegenüber richtiggehend verschlossen hatte. Sie begann langsam zu erzählen und interpretierte viel in Karins Aussagen, sodass das Wiedergegebene nur teilweise dem tatsächlich Gesagten entsprach. So wurde der Frau bewusst, dass es Zeit war, ihr Herz zu öffnen, um ihrem Kind wieder näherzukommen. Daraufhin bat ich die Mutter, etwas Positives über ihre Karin zu erzählen. Sie ging auf die Ängste und Worte ihrer Tochter ein und erkannte endlich, welch' schwere Zeit sie damals durchgemacht haben musste: „Mir war nicht bewusst, dass du so gelitten hast und solche Angst um mich hattest! Vielleicht sollten wir öfter miteinander reden. Ich möchte nicht mehr mit dir streiten, sondern Frieden finden. Wir haben ja jetzt Frau Novak, die kann uns sicher helfen."

Karins Mutter war von einer Sekunde auf die andere wie ausgewechselt: Ihre Stimme war friedlich und sie klang herzlich und einsichtig. Die Forderung nach dem Wohnungsschlüssel war vom Tisch und die Türe zu ihr stand wieder weit offen. Sie hatten wohl beide ein wenig Abstand voneinander gebraucht, um sich neu begegnen zu können. Und diese Distanz hatte Karins Umzug zu ihrem Vater möglich gemacht. Jetzt konnten sie einander verzeihen und einen neuen Weg miteinander finden.

Trotzdem stand noch die Frage im Raum, wie es mit dem Freund der Tochter weitergehen sollte, denn das junge Paar war schwer verliebt und nur im Doppelpack erhältlich. Beide Männer standen wie Felsen in der Brandung hinter ihren Frauen, was gut und wichtig war. So fehlte nur die Akzeptanz für den jeweils gewählten Partner. Als ich ihnen die Situation und die Komik dahinter aufzeigte, mussten alle schmunzeln. Sie saßen alle wieder im selben Boot. Ich bat also die Mutter, etwas Freundliches über den Freund ihrer Tochter zu sagen: „Ich schätze, dass du hinter meinem Kind stehst und dass du Karin beschützt!" Davon fühlte sich der junge Mann geschmeichelt. Er freute sich besonders über die anerkennenden Worte, weil ihm ein derartiges Gefühl noch nie vermittelt geworden war. Im Anschluss war er an der Reihe, etwas Positives zurückzugeben: „Ich habe mich als Kind immer gefreut, wenn du zum Putzen gekommen bist, da ich dich sehr gerne hatte. Ich sehe dich wegen deines Berufs auch nicht als minderwertiger an, im Gegenteil. Ich wünsche mir, dass Karin und du euch wieder vertragt und glücklich seid, einander zu haben. Das hatte ich ihr oft vermittelt." Die Mutter meinte, sie hätte all diese Dinge nicht gewusst und würde die Situation jetzt in einem anderen Licht sehen.

Alle Konflikte lösten sich auf und endlich war ein neues Miteinander möglich. Sich langsam anzunähern, die Wunden heilen zu lassen und dem anderen wirklich zuzuhören – das waren meine Hausübungen Mutter und Tochter. Es war wichtig, dass sie sich auf neutralem Boden treffen konnte, auch ohne die jeweiligen Partner miteinander reden wollten, um zueinander zu finden und neues Vertrauen aufbauen zu können. Daher sollte die Tochter erst einmal beim Vater bleiben, um zu sehen, wie sich die frisch aufgebaute

Basis entwickelte und damit kein neuer Zündstoff entstehen konnte.

Bevor ich unsere Sitzung beendete, wollte ich, dass jeder der Teilnehmer einen Satz gestaltete, der zum Ausdruck brachte, was jeder einzelne von dem heutigen Gespräch mitnehmen würde, also welche Gefühle, Eindrücke und Worte zurückblieben. Der Vater hatte ein gutes Gefühl und nahm ein Stück neue Hoffnung mit. Mutter und Tochter waren zuversichtlich und hatten erkannt, wie wichtig es war, einander zuzuhören. Sie wollten dranbleiben, wussten jedoch auch, dass viel Arbeit auf sie zukommen würde. Der Gedanke, dass sie im Notfall auf meine Hilfe zurückgreifen konnten, machte ihnen Mut und stärkte ihnen den Rücken. Den Partnern von Mutter und Tochter war es ein großes Anliegen, das Verhältnis zwischen allen Beteiligten zu verbessern – hierbei war es wichtig, Gefühle nicht hinunterzuschlucken, alles offen anzusprechen und den anderen verstehen zu lernen. Alle sahen diese Chance als Neuanfang und wollten sie nicht ungenutzt lassen.

Diesen Fall ziehe ich gerne als Beispiel dafür heran, welch gutes Ergebnis es bewirkt, wenn alle Systeme, Behörden, Institutionen und Beteiligten zusammenarbeiten. Anstatt von unterschiedlichen Personen betreut zu werden, läuft alles über eine Person, die in den Fall eingearbeitet ist: Ich hatte über Rainbows begonnen, den beiden Kindern zu helfen, hatte dann vom Gericht aus die Erziehungsberatung übernommen und schließlich das Familiencoaching in meiner Praxis abgehalten. Die Problematik jedes einzelnen Klienten war für sich separat abgeschlossen worden und erst im

Anschluss hatte ich die Familie zusammengeführt. Ich denke, das ist die optimale Lösung und sollte in vielen Fällen das Ziel sein.

Charles Spencer Chaplin[2]

»Ein Tag ohne Lächeln ist ein verlorener Tag.«

KINDERBEISTAND IN STRITTIGEN PFLEGSCHAFTSVERFAHREN – SPRACHROHR UND STIMME DES KINDES BEI GERICHT

2.1 Die Rechte der Kinder

Die Organisation Kinderbeistände wurde vom österreichischen Justizministerium ins Leben gerufen und besteht offiziell seit 2010. Sie ist zu einem fixen Bestandteil in Sorgerechtsstreitigkeiten geworden und tritt bei solchen oft in Erscheinung. Die Kinder erhalten in Scheidungsfällen rechtlichen Beistand bei Gericht, welcher vom Richter bestellt wird oder von den Eltern beantragt werden kann. Diese Kinderbeistände werden über die Justizbetreuungsagentur verwaltet. Der Beistand ist das Sprachrohr des Kindes bei Gericht. Die Kinder verfügen somit über ihren eigenen Kinderanwalt, was sie gegenüber den Eltern, welche auch oft durch Anwälte vertreten sind, enorm bestärkt. Das Wohlergehen des Kindes steht in dieser Position immer im Mittelpunkt. Ich gehöre zu einem der ersten Kinderbeistände in Österreich (Pilotprojekt 2008) und erlebe in dieser Position häufig die unglaublichsten Geschichten. Einige von diesen möchte ich Ihnen gerne erzählen.

Das hier ist die Geschichte der kleinen Hanna. Ihre Mutter kam eines Tages zu mir in die Praxis und erzählte mir ihr Problem: Sie und Hannas leiblicher Vater waren schon seit einiger Zeit getrennt, doch leider kümmerte er sich nicht um seine Tochter – das hatte er von Beginn an nicht gemacht. Als das Mädchen drei Jahre alt geworden war, hat die Mutter einen neuen Mann namens Harald kennengelernt, der sich der Kleinen liebevoll annahm. So hatten sie eines Tages die Entscheidung getroffen, dass Harald Hanna adoptieren sollte. Das Kind hatte sich sehr darüber gefreut, da Hanna so endlich wieder einen Papa hatte.

Leider war es jedoch auch bei dieser Beziehung irgendwann zur Trennung gekommen und daraus war ein massiver Pflegschaftsstreit entstanden, im Rahmen dessen sowohl die leibliche Mutter als auch der Adoptivvater einen Antrag auf alleinige Obsorge stellten.

An dieser Stelle kam ich ins Spiel, denn ich war vom Gericht als Kinderbeistand für die kleine Hanna bestellt worden. Als ich das Mädchen kennenlernte, erkannte ich sofort, dass es trotz seiner schwierigen Familiensituation eine fröhliche, herzliche und quirlige Person war. Die Kleine erzählte mir voller Stolz ihre Familiengeschichte: „Papa Harald hat mich adoptiert, ist mit mir aber nicht blutsverwandt und meinen richtigen Papa sehe ich nur ganz selten. Meine Mama habe ich sehr lieb und bei der will ich auch in Zukunft bleiben." Die Stimme des Kindes wiegt in solchen Verhandlungen natürlich schwer. Leider ist es in den meisten Fällen so, dass die Fronten der Eltern so verhärtet sind, dass das Bedürfnis des Kindes nicht mehr gesehen und somit übergangen wird.

Was das Beste für das Kind wäre, sehen Eltern in dieser Situation häufig nicht. Ein Ringen und Kämpfen beginnt und meistens sind die Kinder die Leittragenden, weil sie das schwächste Glied in der Kette darstellen. Genau diese Negativdynamik wird durch den Kinderbeistand unterbrochen und die Beteiligten werden daran erinnert, innezuhalten, um die Stimme des Kindes wieder zu hören. Man sollte nie vergessen: Die Situation ist dem Verhalten und den Entscheidungen der Eltern zuzuschreiben – das Kind kann sich seine Rolle in dieser Konstellation jedoch nicht aussuchen.

In diesem Fall wurde vom Gericht ein Gutachter bestellt, der die Erziehungsfähigkeit der Kindesmutter überprüfen sollte, da es hier einige Zweifel gab. Dieser stellte ihre Fähigkeit, eine gute Mutter zu sein, tatsächlich mehr als in Frage, wodurch für die Mutter natürlich eine Welt zusammenbrach. Am Tag der Verhandlung wurden beide Elternteile anwaltlich vertreten und erschienen getrennt voneinander im Gerichtssaal. Der Gutachter erklärte diesen seine Einschätzung und sprach der Mutter die vorläufige Obsorge bis zum nächsten Gerichtstermin zu, welche jedoch mit einigen Auflagen verknüpft war. Wichtig dabei war es, das Kontaktrecht des Adoptivvaters einzuhalten, auf ihr Kind einfühlsamer einzugehen und außerdem eine Erziehungsberatung in Anspruch zu nehmen.

Hanna blieb weiterhin in meiner beratenden Obhut und kam in regelmäßigen Abständen zu mir in die Praxis. Ich achtete in Gesprächen mit ihr darauf, ob die Auflagen eingehalten wurden und ihr Wohlbefinden gesichert war. Während meiner Kinderbeistandstätigkeit führte ich immer wieder Telefongespräche mit den Eltern, um ihre Kommunikationskompetenz zu verbessern und in Absprache mit Hanna deren kindlichen Interessen zu vertreten. Zudem wurden die beiden Großmütter miteinbezogen, da sie sich sehr um das Wohl ihres Enkelkindes sorgten.

Jedes Mal, wenn ich das Mädchen sah oder mit ihm sprach, war es fröhlich und guter Dinge – ein richtiger Sonnenschein eben. Trotzdem befand es sich immer im Loyalitätskonflikt zwischen Vater und Mutter, wie es bei fast allen Scheidungskindern der Fall ist. Der Satz „Ich will bei meiner Mama bleiben" war für mich jedoch immer präsent. Aus diesem Grund versuchte ich weiterhin, das Verhältnis zwischen allen Beteiligten zu stärken und zu stabilisieren. Ich bemühte mich weiter darum, mit der Kleinen eine methodische Intervention mit Hilfe der Story Cubes durchzuführen.

Am Würfel ist das Symbol Schlüsselloch zu sehen.
„Mein Herz ist verschlossen, weil es mir mit der Sache sehr schlecht geht. Das Gericht soll für Mama entscheiden – und dass wir in Ruhe gelassen werden. Ich will nichts mehr vom Gericht hören, von dir als Kinderbeistand schon."

Symbol Pyramide: „Ich will für immer bei meiner Mama leben, meinen Papa Harald aber regelmäßig sehen und auch bei ihm übernachten. Ich bin überfordert."

Symbol L: „Ich will nicht mehr. Das L bezieht sich auf wiLL. Ich will das ganze Gerede und die Streitereien nicht mehr."

Symbol Fragezeichen: „Ich will, dass das aufhört, das mit dem Gericht, mit den Streitereien und mit den Beschuldigungen."

Symbol Haus: „Ich will gerne zu Hause bleiben und nicht gestört werden. Ich will spielen, das ist wichtig. Ich muss wieder zu einem Psychologen und dann muss ich aufhören zu spielen."

Symbol Stock: „Ich möchte meine Uroma gerne besuchen. Die ist in Korneuburg im Pflegeheim."

Symbol Käfer: „Ich bin gerne bei meiner Oma L., da kümmere ich mich um die Tiere. Da gibt es in der Hecke, wo ich immer saubermache, Feuerkäfer. Und sie hat zwei Hunde."

Symbol Rechenmaschine: „Ich mag Turnen in der Schule und im Rechnen bin ich sehr gut."

Hannas Wünsche, die mir durch solche spielerischen Methoden offenbart wurden, teilte ich dem Gericht mit und diese wurden dann auch an die Eltern weitergeleitet. Die Eltern brachten Hanna abwechselnd in die Kinderbeistandsstunde und hielten ihre Termine genauestens ein. Es war noch nicht klar, wo die Kleine bleiben würde, aber sie lebte zu diesem Zeitpunkt noch bei ihrer Mutter. Der Kontakt zum Adoptivvater und zu ihrer Oma stiefväterlicherseits wurden von uns initiiert, um Konfrontationen zwischen den Elternteilen zu vermeiden. Es war immer wieder schwierig, die Übergabemodalitäten zwischen den beiden so zu gestalten, dass sie stressfrei ablaufen konnten.

Nach über sechs Monaten Arbeit kam es zur nächsten Verhandlung. Das Mädchen brachte – vertreten durch mich – wieder Wünsche an, welche unbedingt angehört werden mussten. Hanna war mittlerweile mit ihrer Mutter übersiedelt und besuchte im betreffenden Ort eine neue Schule. Ihr Wunsch, bei ihrer Mutter zu bleiben, war nach wie vor derselbe. Der Kontakt zum Vater war zwar vorhanden, aber nicht ganz zur Zufriedenheit des Kindes.

Die Siebenjährige hatte zuvor in der Beratung folgende Wünsche formuliert: „Ich möchte für immer bei meiner Mama bleiben, ich möchte bei Oma übernachten, ich möchte, dass mir Papa Harald etwas kaufen darf. Wenn ich wieder zum Reiten gehe, möchte ich, dass Mama und Papa mir zuschauen. Ich möchte in der neuen Schule gute Freunde finden und auch meine alten Freunde wieder besuchen können."

Auf Wunsch der Kleinen zeigte ich in dieser Verhandlung eine Videobotschaft, in der sie nochmals in ihren eigenen Worten betonte: „Wenn der Richter sich nicht so entscheidet, dass ich bei Mama bleiben darf, dann werde ich wirklich sauer." Alle im Saal lauschten gespannt, worauf beide Eltern zur Einsicht kamen und ihren Antrag auf alleinige Obsorge zurückzogen. Sie konnten sich nun auf eine gemeinsame Obsorge einigen und der gute Kontakt zwischen Vater und Kind wurde geregelt. Es wurde auch festgelegt, dass die Übergabe an einem neutralen Ort stattfinden sollte. Die Anwälte lenkten daraufhin positiv ein und der Richter protokollierte die Vorstellungen des Mädchens und nahm diese ernst.

Aus diesem Grund durfte die kleine Hanna bei ihrer Mutter bleiben.

Ich blieb noch für weitere drei Monate als Kinderbeistand bestellt, um den Ablauf und den Gemütszustand des Kindes regelmäßig zu beobachten. Meine zusätzliche Aufgabe als Kinderbeistand ist es, die Kinder nach der Verhandlung anzurufen und ihnen ein neutrales Statement über den Ablauf bei Gericht zu geben. Ich rief Hanna also gleich an, um sie zu informieren – sie war überglücklich, als sie mitbekam, dass ihre Wünsche endlich erhört worden waren und sie jetzt in Ruhe ihr neues Leben genießen würde können.

2.2 Patchwork – das große Thema unserer Zeit

Alle Geschichten, die ich hier in diesem Buch erzähle – und auch jene, die ich nicht erzähle – berühren mich zutiefst. Jeder Klient, der zu mir kommt, hat seine individuelle Persönlichkeit und Geschichte. In jeder dieser Erzählungen zeigt sich das Leben oft von seiner schlimmsten, aber auch von seiner schönsten Seite. Manchmal gilt es, schwere Schicksal zu bewältigen, doch das Ziel ist immer das Wiederaufstehen und Weitermachen trotz aller Rückschläge. Nach jedem Bergab kommt auch wieder ein Bergauf – so ist das Leben. Diesen Umstand sollte man sich immer vor Augen halten.

Die nächste Geschichte, die ich Ihnen schildern werde, gehört zu jenen, die mich ganz besonders tief berührt haben.

Ich wurde als Kinderbeistand zum Fall eines neunjährigen Jungen namens Jürgen hinzugezogen. Dieser lebte bei seinem Vater, seine Geschwister Luis mit vier Jahren und Paul mit sechs Jahren jedoch bei der Mutter, welche einen neuen Lebenspartner hatte, der drei weitere Jungen in die neue Familie mitgebracht hatte. Zum damaligen Zeitpunkt war die Mutter bereits von ihrem neuen Freund schwanger und erwartete einen weiteren Buben. Auch Jürgens leiblicher Vater hatte mit seiner Lebensgefährtin bereits zwei Kinder bekommen. Sie lesen schon heraus: Patchworkfamilie pur.

Mein kleiner Klient war zwar direkt nach der Trennung seiner Eltern bei der Mutter geblieben, wollte aber nach einiger Zeit aus verschiedenen Gründen dann doch lieber beim Vater leben. Einen dieser Gründe stellte der Umstand dar, dass es dem Jungen bei der Mutter aufgrund der vielen Menschen, die auf engem Raum zusammenlebten, zu laut gewesen war. Nach dem Umzug zu seinem Papa vermisste er seine Mama und seine Brüder allerdings sehr, da er sie kaum noch zu sehen bekam. Die beiden jüngeren Geschwisterkinder hatten ein schlechtes Verhältnis zum Vater und nahmen Jürgen die Entscheidung, zum Vater zu gehen, deshalb übel. Da durch die schwierigen Familienverhältnisse das Besuchsrecht nicht annähernd eingehalten wurde, kam der Fall vor Gericht.

Ich war als Kinderbeistand für den Jungen aufgefordert, seine zerrissene Gefühlslage bei Gericht stellvertretend für ihn zu deponieren. Der erste Tag der Verhandlung startete bedauerlicherweise schlecht, da die Mutter nicht anwesend war und so keine großen Erfolge verbucht werden konnten.

Um diesen Termin jedoch nicht als ganz erfolglos zu beenden, setzte ich mich dafür ein, dass der Junge seine beiden Brüder bei mir in der Praxis treffen durfte. Das Gericht willigte ein – unter der Voraussetzung, dass bei dem Treffen eine Therapeutin und der Zuständige von der Familienbeihilfe anwesend sein würden. Ich freute mich vorerst über diese Entscheidung, wusste aber freilich damals noch nicht, welche schlimmen Folgen diese haben würde.

Am Tag des Treffens eskalierte die Situation nämlich leider, da der größere der beiden Brüder meinen Klienten schwer beschuldigte und beleidigte: „Du wohnst beim Papa und bist schlecht. Du hast die Mama verlassen." Seine Geschwister und seine Mutter nahmen ihm die Tatsache, dass er zum Papa gegangen war, noch immer sehr übel. Sie fühlten sich von ihm im Stich gelassen. Jürgen fühlte sich daraufhin schuldig und war nach dem Treffen übermäßig traurig und betroffen. Er hatte sich auf eine schöne Zeit mit seinen Geschwistern gefreut und dann das! Auch ich hatte mit solch belastenden Vorwürfen der anderen Kinder nicht gerechnet. Die Gefühle der Mutter dürften sich stark in den beiden Brüdern widergespiegelt haben. Ich versuchte, meinen Klienten wieder seelisch aufzubauen und die belastenden Worte von ihm zu nehmen.

Der zweite Verhandlungstag, an dem das Kontaktrecht der Kinder genau geregelt werden sollte, rückte näher. Da das Treffen zwischen den Brüdern so schlecht verlaufen war und die Fronten zwischen den Parteien immens verhärtet schienen, gestaltete sich auch dieser gerichtliche Termin enorm schwierig. Mir als Vertreterin des Kindes war es wichtig, dem Gericht die Wichtigkeit und Schlüsselposition der Mutter im Vorfeld zu vermitteln. Ihre Anwesenheit war bei dieser Verhandlung entscheidend, um Fortschritte machen zu können. Die Richterin versicherte mir, dass sie dieses Mal dabei sein würde. Jürgen und ich bereiteten uns gut auf diesen Verhandlungstag vor, um erneuten bösen Überraschungen vorzubeugen. So schrieb er seine Geschichte für den bevorstehenden Termin nieder. In ihr beschrieb er, wie es ihm mit dem Verhältnis zu seiner Mutter ging, zu welcher er damals noch immer keinen Kontakt hatte, und wie sehr sie ihm fehlte. Die Situation war inzwischen so weit verhärtet, dass die Mutter ihren eigenen Sohn auf der Straße ignorierte und so tat, als würde sie ihn nicht sehen. Sie holte Jürgens Bruder regelmäßig von der Schule ab, in die auch er ging und ignorierte ihn jedes Mal. Wie tief das den Jungen verletzte, ist wohl klar.

Ich fragte ihn: „Was verbindest du mit der Mama und was macht dich traurig, wenn du an sie denkst?“

Er schrieb: Ich vermisse mein Zuhause. / Ich sehe sie fast nie. / Sie ist klein. / Ich vermisse sie. / Ich mag sie ein bisschen. / Sie hat schwarze Haare. / Ich mag sie. / Sie ist 25 Jahre alt. / Sie hat ein neues Baby bekommen. / Ich bin schon gleich groß wie sie.

Auf die Frage, wie es ihm im Moment in seinem Leben ginge, schrieb er:

Ich bin sehr glücklich bei meinem Papa, bei meiner Mama bin ich traurig.

Meine Hände sind fast so groß wie die von meinem Papa, wir haben ein großes Zuhause. Der Papa wird ein Handy für mich kaufen.
Mein Papa und ich sind so wie ein Magnet.
Ich und mein Papa lernen fast jeden Tag.
Bei mir zu Hause gibt es einen großen Baum.
Ich habe einmal einen Fisch mit meinem Papa gesehen.
Ich möchte gerne meine Brüder sehen.
Ich mag meine Brüder sehr, sehr gern.

Am Tag der Verhandlung rief mich der Vater des Jungen an und teilte mir mit, dass Jürgen unbedingt mitgehen möchte, da er hoffte, dort seine Mutter zu treffen. Der Vater berichtete besorgt, dass er von dieser Idee auch nicht mehr abzubringen war. Ich willigte ein, wies seinen Vater jedoch nochmal daraufhin, wie heftig und berührend es für das Kind werden könnte. Die Richterin wurde darüber informiert und so startete die Verhandlung mit folgender Sitzordnung: Gegenüber der Richterin saßen der Vater von Jürgen und seine Lebensgefährtin, rechts davon die Mutter mit einem ihrer Söhne auf dem Schoß sowie die Familienhelferin. Jürgen und ich saßen neben der Richterin und somit den Eltern gegenüber.

Vorrangig ging es in dieser Verhandlung um den Kontakt zwischen Jürgen und seiner Mutter. Im letzten Moment hatte die Mutter mit ihrem kleineren Sohn und der Familienhelferin den Saal betreten – mit der Entschuldigung, keine Nachmittagsbetreuung für den Kleinen gehabt zu haben. Dieser hing an seiner Mutter wie ein kleines schüchternes Klammeräffchen. Die Richterin bat die Familienhelferin, wegen der angespannten Lage mit dem Kleinen in der Zwischenzeit draußen zu warten. Diese entsprach der Bitte jedoch nicht, weil sie ihre Klientin nicht allein lassen wollte.

Jürgen hatte, seit seine Mutter den Gerichtssaal betreten hatte, den Fokus nur auf sie gerichtet. Er ließ sie keinen Moment aus den Augen. Ich las als positiven Einstieg in die Verhandlung einen Brief des Jungen vor, welchen er für seine Mutter verfasst hatte. Während ich vorlas, merkte ich, dass eine große Welle der Traurigkeit über Jürgen hereinschwappte. Ich nahm seine Hand, um ihn ein wenig zu beruhigen und ihm Stärke zu vermitteln. Die Richterin fragte die Mutter daraufhin, ob sie dazu bereit wäre, ihren Sohn in meiner Praxis zu treffen. Jürgen hatte nämlich mehrfach betont: „Wenn ich die Mama treffe, dann möchte ich, dass die Uschi dabei ist." Gerade als die Mutter die Frage der Richterin beantworten wollte, rief der jüngere Bruder Paul: „Nein!" Der Mutter verschlug es daraufhin die Sprache. Ich merkte, wie schlecht es meinem Klienten aufgrund dieser Reaktion ging und so verließ ich mit ihm den Raum, damit er sich wieder sammeln konnte.

Wegen dieses Zwischenrufes wurde die Familienhelferin erneut gebeten, mit dem sechsjährigen Paul den Verhandlungssaal zu verlassen. Gemeinsam mit der Mutter verließen die beiden daraufhin den Saal und die Mutter kehrte wenig später alleine zurück. In der Zeit ihrer Abwesenheit nutze ich die Gelegenheit, um mit Jürgens Vater und dessen Lebensgefährtin Platz zu tauschen. Dadurch konnte ich ab sofort neben der Mutter sitzen – und der Junge gleich neben mir. Ich wollte damit eine realitätsnahe Situation schaffen, in der das Kind zum Mittelpunkt seiner Eltern wurde. Als die Mutter wieder Platz genommen hatte, stellte die Richterin nochmal die Frage, ob sie bereit wäre, ihren Sohn Jürgen alleine zu treffen. Der Bub ließ seine Mama noch immer nicht aus den Augen, was ihr unmöglich entgangen sein konnte und sichtlich Wirkung zeigte. Ich wandte mich der Mutter zu und fragte sie erneut: „Können Sie sich vorstellen, ein Treffen mit mir und Jürgen in meiner Praxis auszumachen, um sich wieder etwas näherzukommen?“ Als ich die Frage gestellt hatte, brach die Mutter in Tränen aus und erklärte uns, wie überfordert sie mit der Situation sei. Es fiel ihr alles unheimlich schwer, weil ihr Ältester sich damals für den Vater und gegen sie entschieden hatte und sie nicht wusste, wie sie damit umgehen sollte. Ich erkannte erneut den passenden Moment für einen Platzwechsel, doch dieses Mal zwischen Jürgen und mir. Ich setzte ihn in diesem berührenden Moment neben seine Mutter. Die zwei fielen sich sofort in die Arme und – ich lüge nicht – alle Personen im Gerichtssaal begannen zu weinen. Selbst die Richterin bat mich um ein Taschentuch. Ich behielt als einzige die Fassung, um jederzeit für Jürgen da sein zu können.

Am Ende dieser hochemotionalen Verhandlung fand die Richterin noch den passenden Schlusssatz: „Genug der vielen Worte. Ich denke, wir brauchen hier nicht mehr viel tun.“ Die Mutter gab mir ihre Telefonnummer, damit wir ein Treffen arrangieren konnten. Als alle den Saal verließen, fragte ich Jürgen: „Möchtest du dich von deiner Mama verabschieden?“ Und so kam es noch einmal zu einer innigen Umarmung, die dem Jungen die Liebe seiner Mutter bestätigte. Ich wusste, wie lange er auf diesen Moment gewartet hatte und wie wichtig ihm diese Bestätigung war. Oft zählen nicht die gesprochenen Worte, sondern Nähe und Umarmungen, die von Herzen kommen.

Es war das erste und einzige Mal, dass ich eine Richterin sah, die so von Geschehnissen berührt war. Am Ende sagte sie zu mir: „Danke, Frau Novak, so etwas habe ich noch nie erlebt. Ich bin so froh, dass sich alles zum Guten auflöst hat. Ich spüre, da wird viel passieren."

Trotz dieser schweren emotionalen Stimmung war ich nach der Verhandlung zutiefst zufrieden und glücklich, da sich der Wusch des Jungen erfüllt hatte. Es war mir heute gelungen, dass Jürgens Anliegen gehört wurde, und mir wurde wieder einmal klar, dass die Sprache des Herzens von jedem am besten verstanden wird.

In der Zeit vor dem ersten Treffen mit der Mutter, kamen immer wieder Zweifel und Bedenken in mir hoch. Das lag an meiner Lebens- und Berufserfahrung, die mich selten täuscht. Für mich stand zwar außer Frage, dass die Mutter den Termin wahrnehmen würde, jedoch war ich skeptisch, was die Beständigkeit des Kontakts anging, ob sie es verstehen und akzeptieren könnte, dass die Liebe ihres Sohnes nichts damit zu tun hatte, dass dieser nun bei seinem Vater lebte. Zu dem besagten Termin erschien die Mutter gemeinsam mit ihrer Familienhelferin pünktlich in meiner Praxis. Zuvor war Jürgen von seinem Vater zu mir gebracht worden, wo er fortan aufgelöst und nervös auf seine Mutter wartete. Das Mitkommen der Familienhelferin bestätigte meine Skepsis: Offenbar war die Mutter noch nicht bereit, ihrem Sohn alleine entgegenzutreten. Sie fühlte sich dieser Situation noch immer nicht gewachsen und alte Wunden klafften wieder auf. Ich bat die Familienhelferin trotzdem, im Vorzimmer zu warten und nur im Notfall unterstützend einzugreifen.

Wie es auch im Gerichtssaal schon der Fall gewesen war, fielen Mutter und Sohn einander zur Begrüßung innig um den Hals. Ich beobachtete die Situation, um zu sehen, wie es dem Jungen damit ging. Er genoss die Nähe seiner Mutter sehr. Um ihnen diesen Moment ganz zu schenken, verließ ich für kurze Zeit den Raum, ließ allerdings die Tür offen stehen. Während ich mich mit der Familienhelferin unterhielt, beobachtete ich das weitere Geschehen. Irgendwann lösten sich beide aus der Umarmung und sie überreichte ihrem Sohn ein paar Geschenke, da er am nächsten Tag seinen zehnten Geburtstag feiern würde. Er war überglücklich und sie packten gemeinsam aus. Ich ließ die zwei erneut alleine, um aus einiger Distanz zu beobachten, wie sich das Gespräch zwischen ihnen entwickelte. Mit fortgeschrittener Zeit akzeptierte auch die Familienhelferin, dass dieser intime Moment für die beiden wichtig war. Ich setzte mich währenddessen zu ihr und sie schilderte mir ihren Eindruck der Geschichte. Sie meinte, dass die Mutter noch Zeit benötigen würde, um ein regelmäßiges und konstantes Treffen seelisch zu bewältigen. Sie bekam einfach das Bild nicht aus dem Kopf, dass der Junge sich für den Vater entschieden hatte. Diese Kränkung saß für sie enorm tief. Ich hörte der Helferin gespannt zu und suchte währenddessen gedanklich nach einer alternativen Lösung, die beiden guttun würde. Als ich zurück ins Zimmer kam, erklärte die Mutter ihrem

Sohn unter Tränen, dass die Situation für sie schwierig wäre und sie noch ein wenig Zeit brauchen würde, jedoch überglücklich wäre, ihn hier und heute getroffen zu haben.

In diesem Moment hakte ich zum ersten Mal in das Gespräch ein: „Wie darf ich das genau mit der Zeit verstehen? Ist es für Sie nicht möglich, dass wir uns in einem Monat hier in einem geschützten Rahmen erneut treffen, um ein Beisammensein weiter zu fördern?“ Ich wollte mit meiner Frage sicherstellen, dass der Kontakt nicht noch einmal verlorenging. Es stellte sich heraus, dass die starke Verunsicherung der Mutter darin begründet lag, dass Jürgens Brüder nicht verstehen konnten, warum sich ihre Mama mit Jürgen alleine traf. Für die Geschwister saß ihr Bruder im selben Boot wie ihr Vater: Beide hatten sie verlassen und somit wollten sie nichts mehr mit ihnen zu tun haben.

Ich wies die Mutter mit Nachdruck auf die Situation hin: „Das ist Ihr Leben, und in diesem Leben haben sie vier Kinder und es ist sehr wichtig, dass ihr Junge nicht mit seinem Vater in dieselbe Schublade gesteckt wird. Er hat sich für diese Situation entschieden, weil ihm Ihr neuer Partner und sieben Kinder unter einem Dach einfach zu viel waren. Der tägliche Trubel überstieg seine Grenzen, er liebt Sie und seine Brüder jedoch.“ Endlich lenkte sie ein und stimmte einem weiteren Treffen in der Praxis zu. Bei der Frage nach dem Austausch der Telefonnummern blieb sie weiterhin skeptisch - so gab der Junge ihr seine Nummer und sie versprach, ihm gelegentlich zu schreiben.

Als der nächste Termin für den kommenden Monat fix vereinbart war, platzte Jürgen förmlich vor Glück und Vorfreude. Auch die Familienhelferin befürwortete letztendlich den Versuch, regelmäßige Treffen zu initiieren und nahm meine Lösungsvorschläge dankend an.

Nachdem die Mutter gegangen war, machte ich noch eine Abschlussübung mit Jürgen: Er durfte sich und seine Mutter in einem Bild zeichnen. Es hatte ihn so gefreut, dass er sie einmal nur für sich alleine haben hatte können.

Eine Sorge blieb mir dennoch im Hinterkopf: Was, wenn die Mutter nicht zum Treffen kommen würde? Die Enttäuschung wäre für ihren Sohn so groß, dass er mehr leiden würde als zuvor. Glücklicherweise ist dieser Fall nicht eingetreten: Die Mutter ist gekommen. Der weitere Kontakt musste vorübergehend allerdings auf Telefonate beschränkt bleiben, weil die Frau zuerst ihre Familiensituation ordnen musste, da Jürgens Bruder Luis es der Mama unheimlich übel nahm, dass sie sich mit ihrem ältesten Sohn alleine treffen wollte.

2.3 Ich will bei Mama leben

Wie so oft trifft es die Kleinsten und Schwächsten am schwersten, wenn es um Trennung oder Scheidung geht. Die Eltern sind meist noch relativ jung und unerfahren. So ist der Gang zum Gericht häufig der einzige Weg, um eine gute Lösung für alle Beteiligten zu finden. Erfahrene Personen, die in diesen Prozess miteinbezogen werden, schlichten und richten das Unmögliche, sodass es in vielen Fällen doch noch ein Happy End für die Familien gibt. So auch im folgenden Fall.

Ein frisch getrenntes Paar – sie war 27 und er 29 Jahre alt – hatte einen gemeinsamen Sohn, den kleinen Martin, der damals fünf Jahre alt war. Leider hielt die Beziehung seiner Eltern nicht allzu lange, da sie grobe Probleme in ihrer Kommunikation hatten. Natürlich war dieser Punkt nach der Trennung noch viel schwieriger geworden und so war es selbst nach zwei Jahren noch zu keiner Einigung gekommen. Um endlich das Wohl des Kindes in den Vordergrund zu stellen, beauftragte mich die Richterin als Kinderbeistand des Jungen. Martin war ein offenes und kluges Kind. Er wusste genau, was er wollte und wie er es zeigen konnte, doch wurde seine Stimme von den Eltern nicht gehört. Sie waren zu sehr mit sich selbst beschäftigt und hatten auf der Paarebene noch immer keinen Konsens gefunden. Aus diesem Grund ging das Kind mit seinen Wünschen unter oder wurde als unbewusster Vermittler eingesetzt. Der Kleine durchschaute ihre Strategie jedoch und blieb beharrlich, was seine Wünsche betraf.

Beim ersten Gespräch lud ich die Eltern getrennt voneinander ein, um mir ein Bild von jedem von ihnen zu machen. Beide wirkten sehr sympathisch und es entstanden ehrliche und offene Gespräche. Da die beiden noch sehr jung waren, schlüpfte ich in eine Art „Oma-Rolle“, die beschützend über das Kind wachte. Martin kam zu vielen Gesprächen und alternierend brachten die Eltern ihn zu mir, was erstaunlicherweise gut funktionierte. Aus meiner Erfahrung weiß ich, dass solche Absprachen bei den meisten Familien schwierig sind und selten klappen. In einem der vielen Gespräche mit dem Jungen kristallisierte sich heraus, dass er genauso viel Zeit bei seinem Vater verbringen wollte wie bei seiner Mama. Sie werden bestimmt die klassische Vierzehn-Tage-Regelung kennen: Hierbei sieht die Judikatur vor, dass ein Kind jedes zweite Wochenende von Freitag bis Sonntag bei jenem Elternteil bleibt, bei dem es nicht seinen Lebensmittelpunkt hat. Selbst diese Regelung ist oft schwer zu handhaben. Je öfter das Kind seinen Vater sehen will, umso besser muss auch die Kommunikation zwischen beiden Elternteilen funktionieren – womit wir auch schon beim Grundübel angekommen wären.

Martin meinte: „Ich finde es ungerecht, dass Papa weniger gemeinsame Zeit mit mir hat als Mama!“ Das war sein einziges Argument. Unrecht hatte er damit jedoch nicht, weswegen er sich auch nicht von dieser Meinung abbringen ließ. Zusätzlich war es ein großes Problem für den Jungen, dass er bei dem Besuch eines Elternteils das jeweils andere sehr vermisste.

Um die Zeit bis zur Einigung zu überbrücken, schenkte ich ihm ein geheimnisvolles Kissen – ein „Übergangskissen“, zu dem es eine ganz spezielle Geschichte gab, die ihm seine Eltern regelmäßig vorlesen sollten. Dieses Kissen konnte alle Gefühle des Kindes abfangen, in sich aufnehmen und tragen. Martin durfte damit schimpfen, boxen, schreien, weinen, lachen und, wenn er sich freute, den Polster hoch in die Luft werfen. Wir übten das in meiner Praxis und selbstverständlich wurden auch seine Eltern eingeweiht.

alle Eltern stellen, bevor sie den Weg wählen, vor Gericht zu gehen.

Wir mussten so schnell wie möglich zu einer Einigung kommen. Aus diesem Grund bestärkte ich die Eltern immer wieder darin, auf dem richtigen Weg zu sein. Ich zeigte ihnen auf, was wir schon alles geschafft hatten, dass die Kontakte gut geregelt waren und Martin sich wohlfühlte. Der einzig gänzlich ungeklärte Punkt war die gemeinsame Obsorge, da es vor allem seitens der Mutter immer noch zu wenig Vertrauen gab und sie mehr Zeit brauchte. Ich machte den Vorschlag, ein Schriftstück aufzusetzen, in welchem ich alle anstehenden Punkte zusammenfasste und das ich ihnen per Mail zukommen ließ. So konnte es sich jeder in Ruhe durchlesen und sich ein Bild davon machen und eine Meinung dazu bilden. Ich informierte die Richterin über unseren aktuellen Stand – dass die gemeinsame Obsorge angestrebt wurde, die Mutter jedoch noch zwei bis drei Monate Bedenkzeit wollte. Beide Elternteile gingen auf mein Schreiben ein.

Beim letzten Treffen der Familie spannte ich noch einmal die Wolle von Martin zu seinen Eltern, um ihm dieses Bild bewusst mitzugeben: Nichts würde sich daran ändern – sie waren und blieben seine Mama und sein Papa. Es lag von nun an bei den Eltern, die Verantwortung zu übernehmen und diese Basis weiter aufzubauen. Dem Gericht schickte ich einen Bericht von unserem letzten Zusammentreffen, in dem stand, dass dieses gut verlaufen war und der Abschluss nahelag. Zweimal traf ich mich noch zu Nachbesprechungen mit dem Jungen. Martin war richtig enttäuscht, als ich ihm mitteilte, dass unsere gemeinsame Zeit nun vorüber war, dass sich ja alles zum Guten gewendet hatte und es nun Zeit war, Abschied zu nehmen. Auch wenn es nur „ein weiterer Fall in meiner Karriere“ war, so verbindet die gemeinsame Zeit jedes Mal stark, sodass auch mir der Abschied immer sehr nahegeht.

Die Eltern hatten nach der abgelaufenen Probefrist die gemeinsame Obsorge vor Gericht unterschrieben. Der Fall war damit abgeschlossen und ein weiterer Streit einer Familie konnte beigelegt werden. Mein Fazit des Falles aus meiner Beraterinnensicht: In der Kinderbeistandstätigkeit sind Flexibilität und Kreativität gefragt. Auch Kinder in jungen Jahren können sich auf ihre Art und Weise artikulieren oder spielerisch vermitteln, was sie wollen. Im Unterschied zu größeren Kindern finde ich es allerdings bei den kleineren besonders wichtig, die Eltern immer wieder miteinzubeziehen, da ihnen so das Gefühl vermittelt wird, die Thematik auf die Elternebene zu übergeben. Das entlastet sie. Die Kinder müssen spüren, dass es nicht nur Streit zwischen den ihnen wichtigsten Menschen im Leben gibt, sondern auch positive Arten, miteinander umzugehen. Dadurch wird ihnen gezeigt, dass auch Eltern Lösungen finden können, die die Kinder entspannen und ihnen die Last nehmen.

Nach zwei Jahren Verhandlung bedankte sich die Richterin in diesem Fall bei mir, als es endlich zu einer Vereinbarung gekommen war. Dieser Fall hatte insgesamt dreieinhalb Jahre bei Gericht gebraucht. Man kann sich vorstellen, welche Kosten und Arbeitszeiten hierbei entstanden sind und wie viele Personen eingebunden waren. Das ist typisch für Kinderbeistandsarbeit. Herr Hofrat Dr. Huber, der Gerichtsvorsteher vom Bezirksgericht Korneuburg, hat mir meine Arbeitsweise schon mehrfach positiv bestätigt, indem er beispielsweise meinte: „Sie sind für mich die klassische, moderne Familiengerichtshilfe. Sie krempeln die Ärmel hoch und haben keine Angst vor Herausforderungen. Egal, wer da vor ihnen steht, sie stehen hinter dem Kind. Sie haben Lösungsansätze, die in keinem Handbuch oder Lehrbuch stehen und genau so etwas wird bei den Familien von heute gebraucht."

Viele von Ihnen sind oder waren vielleicht einmal in einer ähnlichen Situation und hätten Hilfe benötigt. Unser modernes Gerichtssystem hat aus gegebenem Anlass den Kinderbeistand initiiert. Da die Scheidungsrate immer höher wird, kommt es zu immer mehr Streitfällen bei Gericht. Die Stimme der Kinder bleibt dabei meist ungehört. In unserem heutigen Familiensystem bringen die Väter eine ganz neue Rolle mit sich: Sie sehen sich als gleichberechtigten Elternteil und fordern dies auch ein. Diese Veränderung haben aber auch Streitigkeiten um die Kinder bei Gericht vermehrt. Kinder sind und bleiben jedoch immer das schwächste Glied in dieser Kette – das sollte man als Elternteil nie vergessen.

Ich möchte Ihnen an dieser Stelle noch kurz den Ablauf schildern, wie es sich mit dem Kinderbeistand verhält:

Mutter oder Vater können bei Gericht einen Antrag zur Bestellung eines Kinderbeistandes einbringen – ebenso kann ein solcher vom Gericht hinzugezogen werden. Dieser wird dann vom Richter bei der Justizbetreuungsagentur (JBA) beantragt und je nach freien Kapazitäten wird ein Beistand zugeteilt, der von nun an bei jeder Verhandlung anwesend ist. Die Honorarabrechnung erfolgt über die JBA und der Tarif ist bei jedem Kinderbeistand gleich. Die Justizbetreuungsagentur achtet bei jeder Abrechnung genau darauf, wie jeder einzelne Beistand arbeitet.

Hat jeder Elternteil separat einen Antrag beim zuständigen Bezirksgericht eingebracht, werden diese mit den jeweiligen Anwälten abgesprochen. Im Anschluss werden die Verhandlungstermine bekanntgegeben. Die Verhandlung selbst findet im Gerichtssaal oder im Richterzimmer statt. Anwesend sind die Vertreter der Kindeseltern oder diese selbst. Zwischen den Eltern sitzt der Kinderbeistand, der den Wunsch des Kindes, der aus den Einzelsitzungen mit diesem hervorgegangen ist, vorträgt.

Da die ungelösten Paarkonflikte oft auf Kosten des Kindes ausgetragen werden, ist es enorm wichtig, dass die Eltern Mediation oder Erziehungsberatung absolvieren. Parallel dazu kann der Kinderbeistand mit dem Kind produktiv arbeiten. Durch den Kinderbeistand wird dem Kind auch der unangenehme Weg zum Gericht erspart, denn der Kinderbeistand ist das Sprachrohr des Kindes bei Gericht. Um den Kinderbeistand auch für jede soziale Stufe leistbar zu machen und einbringen zu können, sind die Kosten äußerst niedrig gehalten. In den ersten sechs Monaten wird der Beistand vom Justizministerium bezahlt.

Geht die Beratung über ein halbes Jahr hinaus, so entstehen pro Halbjahr für jeden Elternteil Kosten von 276 Euro.

Der Kinderbeistand muss in strittigen Pflegschaftsverfahren das Kind altersadäquat und kindgerecht am Laufenden halten beziehungsweise auf die Lage einstellen. Wenn Eltern ihre Kinder nicht zum Termin beim Kinderbeistand bringen, kann das Gericht Ordnungs- oder Beugungsstrafen verhängen. Ist der Beistand einmal hinzugezogen, muss dieser nämlich auch in Anspruch genommen werden. Oftmals bringen die Eltern ihre Kinder anfangs widerwillig, da sie das genaue Hinschauen und zusätzliche Unruhen befürchten. Im Nachhinein sind sie aber meistens froh darüber, diese Unterstützung erhalten zu haben, da sich der seelische Zustand der Kinder wesentlich zum Positiven verändert. Oft dauert es einige Zeit, bis Mutter oder Vater wirklich das Bedürfnis ihres Kindes erkennen und auch respektieren. Würde das Kind bei seelischem Ungleichgewicht in eine „normale" Therapie gehen, käme dies die Eltern wesentlich teurer.

Neben dem Kinderbeistand gibt es auch noch die Kinder- und Jugendhilfe, die oberste Pflegschaftsbehörde (das ist das ehemalige Jugendamt). Diese erstellt Berichte über die einzelnen Familien. Jede dieser Aufzeichnungen wird dem Richter vorgelegt. Hier gibt es im Unterschied zum Kinderbeistand keine Schweigepflicht – alles wird dokumentiert und dem Gericht vorgelegt. Die Familiengerichtshilfe (FGH) ist eine Außenstelle des Gerichtes. Wenn diese bestellt wird, sind Psychologen vor Ort, die versuchen, ein „Clearing" zwischen den Eltern zu erreichen. Die FGH holt sich Informationen bezüglich Schule, Hort, Kindergarten und von der Kinder- und Jugendhilfe. Häufig wird vom Gericht eine Anhörung des Kindes durch die FGH gewünscht. Die Begleitung des Kindes zur FGH erfolgt wiederum durch den Kinderbeistand.

Ich bereite die Kinder darauf vor, dass alles, was sie bei der FGH von sich geben, dokumentiert wird und es das Gericht genau so erfahren wird. Dort gibt es keine Schweigepflicht. Besonders kleinere Kinder ärgern sich oft im Nachhinein darüber, zu viel ausgeplaudert zu haben. Meine Empfehlung ist, dass sie dort alles erzählen können, aber nicht müssen. Oftmals werden die Kinder zu einem Gutachter geschickt, was für sie enormen Stress bedeutet, weil eben alles, was gesagt wird, eins zu eins weitergegeben wird. Im Anschluss kommt dann in vielen Fällen der Kinderbeistand zum Einsatz – und parallel dazu die FGH, die mit den Eltern arbeitet. Das Ganze ergibt keine einfache Situation für alle Beteiligten. Gerade die Kinder sind in dem ganzen Szenario höchst belastet. Daher versuche ich sie so gut wie möglich davor abzuschirmen.

Jede dieser Einrichtungen ist wichtig und trägt ihren Teil dazu bei, eine gute Lösung zu finden. Jedes Kind ist allerdings individuell und genau so muss auch auf es eingegangen werden. Und genau das ist die Aufgabe der Kinderbeistände.

2.4 Es sind die Kleinigkeiten, die zu Großem führen

Der nächste Fall betrifft zwei 20-Jährige, die frisch verheiratet waren. Die beiden hatten bald Nachwuchs bekommen und noch frisch verliebt hatte die Ehe anfangs auch durchwegs gut funktioniert. Leider hatte dieses Glück nicht lange angehalten und es war vermehrt zu Streitigkeiten gekommen. Die Charaktere der beiden waren wohl einfach zu unterschiedlich. So waren im Streit immer tiefere Verletzungen entstanden, bis es zur Trennung des Paares kam.

Um die Besuchsvereinbarung in Bezug auf das Kind gut und einvernehmlich zu gestalten, wurde das Gericht in den Fall miteinbezogen, was anfangs auch recht gut funktionierte. Ich wurde vom Richter erst als Kinderbeistand bestellt, als der damals siebenjährige Sohn Anton das Kontaktrecht seines Vaters nicht mehr in Anspruch nehmen wollte. Das Kind befand sich offenbar in einem Loyalitätskonflikt, da die Eltern seinetwegen fortwährend stritten. Um der Sache nachzugehen und den Grund der Verweigerung herauszufinden, wurde ich hinzugezogen.

Antons Mutter hatte mittlerweile einen neuen Partner und mit diesem ein weiteres Kind bekommen. Auch der Vater des Jungen hatte eine neue Beziehung und so schien auf den ersten Blick alles in Ordnung zu sein. Trotzdem hatte es bereits kurz nach der Trennung Probleme gegeben, da Anton nicht gerne bei seinem Vater übernachtete, bis er diese Übernachtungsbesuche irgendwann komplett verweigerte. Aus nachvollziehbaren Gründen hatte es deshalb viele Streitigkeiten zwischen den Eltern gegen – und irgendwann war eine normale Kommunikation gar nicht mehr möglich: Einer hatte dem anderen die Schuld gegeben und der Junge hatte sich dabei immer mehr zurückgezogen. Infolgedessen war der Fall erneut vor Gericht gelandet, weil das Kontaktrecht neu hinterfragt werden sollte – und um helfend einzuschreiten.

Als ich Anton kennenlernte, dauerte es nicht allzu lange, bis er mir sein Herz öffnete. Er war ein offenes Kind und erzählte mir bald, wie es im ging. Sein Vater lebte mit seiner neuen Freundin in einem Haus, in dem Kinderzimmer und Schlafzimmer durch einen langen Gang miteinander verbunden waren. Der Junge schlief alleine in seinem Zimmer, fühlte sich jedoch nicht immer wohl dabei, was für sein Alter nicht ungewöhnlich war. Ein Schlüsselerlebnis für ihn war, als er eines Nachts aufgewacht war und nach seinem Vater gerufen hatte, dieser aber nicht antworten hatte können, da er tief und fest geschlafen hatte. Selbst nach einem zweiten Rufen war keine Antwort vom Vater gekommen. Die Antwort war dann von der Freundin des Vaters gekommen: „Schrei nicht so! Komm doch einfach rüber, wenn du etwas möchtest." Durch diese eher schroffe Reaktion hatte der Junge das Gefühl bekommen, dass ihn diese Frau von seinem Papa fernhalten wollte. Zudem war ihm nachts der lange Gang zum Schlafzimmer nicht geheuer und so hatte er ihn gemieden. Um dieser Situation auszuweichen, versuchte er nun, erst gar nicht bei seinem Vater übernachten zu müssen. Er hatte sich gleich nach diesem Erlebnis bei jedem anstehenden Termin eine neue Ausrede ausgedacht, war oft kurzfristig krank geworden, hatte geweint oder einfach mit Ablehnung reagiert. Alle Versuche der Mutter, ihren Sohn dazu zu überreden, doch wieder einmal bei seinem Papa zu schlafen, zeigten keine Wirkung und so fragte sie sich insgeheim, was da wohl bei ihrem Ex-Mann vor sich ging. Sie machte sich Sorgen um ihren Sohn, was durchaus verständlich war. Wenn sie den Vater darauf ansprach, wies der allerdings jede Schuld von sich und schob sie ihrem Einfluss zu. Keiner der beiden Elternteile fühlte sich schuldig an der Reaktion des Jungen – und die Kommunikation zwischen beiden wurde dadurch immer schlechter. Mit der Zeit sagte die Mutter die Termine beim Vater einfach ab, woraufhin die Situation eskalierte, indem der Vater vor Gericht ging. Da es aus deren gemeinsamer Beziehung auch noch nicht aufgearbeitete Verletzungen gab, drehten sich die Getrennten ständig im Kreis und es kam zu keiner Lösung im Sinne des Jungen.

Mein erster Eindruck zeigte mir sofort auf, dass die Eltern ihre offenen Konflikte auf der Paarebene in einer Mediation aufarbeiten mussten. Nur so konnte es zu einer Entlastung der Situation kommen. Im Interesse des Kindes legte ich beiden mit Nachdruck nahe, die empfohlene Mediation bei einer Kollegin von mir in Anspruch zu nehmen. Sie willigten ein und so wurde parallel zu meiner Arbeit mit dem Jungen auch auf der Elternebene gearbeitet.

Meine Beratungen in der Rolle des Kinderbeistands bewirkten schnell eine Verbesserung der Lage. Ich arbeitete mit Anton daran, sich bei seinem Vater wieder wohler zu fühlen und der Vater-Sohn-Beziehung bei einem Treffen eine neue Chance zu geben. Zusätzlich gründete ich mit der Familie eine WhatsApp-Gruppe, in der ich die Kommunikation und die Absprache für neue Treffen verfolgen konnte. Ich beobachtete den Austausch zwischen den Eltern und wenn es nötig war, sprang ich helfend ein. Ich bat die Mutter darum, Terminprobleme rechtzeitig mit dem Vater zu besprechen, damit sich dieser darauf einstellen konnte. Es sind oft die Kleinigkeiten, die Wirkung zeigen! So kam es, dass es in dieser Phase zu keinen Absagen mehr kam und alle Treffen mit dem Vater stattfanden. Der Junge wollte zwar noch nicht bei seinem Papa übernachten, alle Beteiligten gaben dem Kind jedoch die Zeit, die es brauchte. Auf diese Art wurde der Druck aus der Lage genommen – woraufhin sich Anton auch besser fühlte. Nach jedem Besuch beim Vater fragte ich ihn, wie es ihm ergangen war, was er erlebt und ob er sich wohlgefühlt hatte. Wir machten eine Liste mit Wünschen und Anregungen, welche die Eltern sich in der parallel laufenden Mediation gemeinsam ansahen. So konnte diese Liste in einem geschützten Rahmen durchgearbeitet werden und deren enthaltene Anliegen beider in gemeinsamer Absprache – wenn möglich – erfüllt werden.

Hier ein kleiner Auszug aus dieser Liste:

Mama und Sohn: Mehr Zeit alleine verbringen – ohne seinen kleineren Bruder, obwohl er diesen sehr mochte. Er wünschte sich einen Besuch im Funpark.

Papa und Sohn: Gemeinsam ins Fußballstadion gehen, denn sie spielten beide selbst gerne Fußball.

Die Eltern respektierten Antons Wünsche und gingen gerne darauf ein.

Ich war dafür da, den Anwesenden die belastende Situation für den Jungen zu vermitteln, welche durch die Streitsituation zwischen Mutter und Vater entstanden war. Des Weiteren bemühte ich mich darum, das Verhältnis zwischen der Freundin des Vaters und dem Jungen neu aufzubauen, um auch aus dieser Perspektive dafür zu sorgen, dass sich das Kind unbeschwert auf die Besuche bei seinem Vater freuen konnte. So beschloss ich vor Gericht spontan, noch ein gemeinsames Treffen mit der Familie in meiner Praxis einzufordern, um die offenen Punkte gemeinsam abzuarbeiten. Als Anton das hörte, freute er sich darüber, da er wusste, dass er seine Eltern so in einem wohlbehüteten Umfeld sehen würde – ohne dass sie streiten würden. Ich wollte an diesem Verhandlungstag allen Beteiligten mit meinem bewährten Wolle-Experiment die klare Konstellation zwischen Eltern und Kind aufzeigen. Die Eltern willigten ein. Jeder im Gerichtssaal sah somit, dass ihnen das Wohl ihres Kindes überaus wichtig war und über allen Streitigkeiten stand. Als Abschluss bat ich den Richter noch um das Mediationsprotokoll, um es dem Jungen ein wenig erklären zu können und ihm die Bemühungen seiner Eltern um sein Wohlergehen aufzuzeigen. In diesem Protokoll waren alle Weihnachts- und Urlaubskontakte geregelt und schriftlich festgehalten – ein Konzept, das Hand und Fuß hat und an das sich alle Beteiligten halten mussten. Anton erleichterte das ungemein und ebenso versicherten die Eltern dem Jungen, seine Wünsche zu respektieren und sich besser zu vertragen: „Frau Uschi meint, sie wird dir den Ablauf nochmal genau erklären. Wir möchten, dass es dir und uns von nun an gut geht."

Schon im Vorfeld freute sich Anton merklich auf das anberaumte Treffen in meiner Praxis: Endlich würde er seine Eltern gemeinsam in einem Raum sehen und hatte sie für sich ganz alleine. Um den Eltern eine Freude zu bereiten, zeichneten wir ein Beziehungsherz für sie, das genau aufzeigte, wie sehr er sie liebte. Alle ihm nahestehenden Personen waren in dieser Zeichnung angeführt: Seine Eltern, der Bruder und sein Stiefvater – nur die Freundin des Vaters fehlte immer noch. Hier war folglich noch Potential nach oben.

Als der große Tag endlich gekommen war, bestimmte Anton das Setting der Anwesenden: Er selbst saß auf dem Kinderthron in meiner Praxis und die Eltern waren so ausgerichtet, dass sie nebeneinander saßen und ihn im Blickfeld hatten. Als Einstieg gratulierte ich den beiden überaus wertschätzend dazu, was sie auf der Elternebene schon Großes geleistet hatten. Es war nicht selbstverständlich, sich nach einer abgeschlossenen Beziehung dem Kind zuliebe noch einmal mit der Paarproblematik auseinanderzusetzen. Im Endeffekt konnte jedoch jeder von ihnen nur davon profitieren, da somit eine vergangene Partnerschaft gut abgeschlossen sein würde. Dieser Abschluss war wichtig, um frei und unbelastet eine gute Verbindung einzugehen.

Ich ließ es dem Jungen offen, ob er das Problem mit der Freundin des Vaters ansprechen wollte oder ob ich das tun sollte. Er bat mich darum und so erklärte ich den Eltern noch einmal genau, worum es ging, indem ich von der lieblosen Reaktion der Frau auf sein Rufen in der Nacht erzählte. Anton lauschte meinen Worten genau, da ich ihn gebeten hatte, mich zu unterbrechen, falls ich etwas Falsches erzählen würde. Seinem Vater legte ich ans Herz, sich mit seinem Sohn und seiner neuen Partnerin zu dritt zusammenzusetzen, um seiner Freundin Antons Sicht näherbringen zu können. Sie sollte sich bei seinem Sohn für den schroffen Ton entschuldigen und auch der Vater sollte dem Sohn seine guten Absichten erneut vermitteln. Zuletzt machte ich den Vorschlag, dass Anton bei seiner ersten neuerlichen Übernachtung dort bei seinem Papa im Bett schlafen dürfe und die Freundin im Kinderzimmer, woraufhin der Junge hellauf lachte. Somit war Anton die Angst genommen und ein freudiges Ereignis wartete auf ihn. Im Anschluss sagte ich zu ihm, dass er von nun an immer alles mit Mama und Papa besprechen müsste und sie versprachen ihm im Gegenzug, das ebenso zu handhaben. Um mir einen Eindruck zu verschaffen, ob der Junge die Arbeit mit mir als angenehm und hilfreich empfunden hatte, stellte ich dieses Thema zur Debatte. Daraufhin meinte er nur kurz und bündig: „Ich hätte ohne deine Hilfe nicht gewusst, was bei Gericht passiert, wie es funktioniert und was hinter meinen Rücken passiert." Das Wissen, dass Mama und Papa jetzt nicht mehr stritten, freute ihn sehr. Um allen die gegebene Situation nochmal bildlich zu veranschaulichen, kam auch hier der Wollfaden zum Einsatz. Bevor sich die Familie von mir verabschiedete, suchte sich außerdem noch jeder etwas aus meiner Schatztruhe aus, in der es Murmeln, Perlen und mehr gibt. Gemeinsam mit den abgeschnittenen Fäden sollten sie ihren jeweiligen Schatz gut hüten und diesen schönen gemeinsamen Abschluss so lange wie möglich in positiver Erinnerung behalten.

2.5 Alkohol, der vieles zerstört

Als die zwei Geschwisterkinder zu mir kamen, von denen ich nun erzählen werde, war das Mädchen 13 und der Junge zehn Jahre alt. Beide wirkten gezeichnet, eingeschüchtert und verstört. Sie durchlebten gerade die Trennungsphase ihrer Eltern. Begonnen hatten die Schwierigkeiten und Streitigkeiten in der Familie, als die Mutter immer öfter zum Alkohol gegriffen und die Kinder zunehmend vernachlässigt hatte. Ihr Mann hatte viel gearbeitet und die Ereignisse untertags somit nicht verfolgen können. So kam es, dass die Kinder nach der Schule meist auf sich selbst gestellt gewesen waren, da die Mutter betrunken gewesen war und die Verantwortung und Aufsicht nicht mehr im Griff gehabt hatte. Die Situation hatte sich zunehmend verschlechtert und war für die Familie kaum noch erträglich gewesen. Obwohl der Vater abends versucht hatte, das Manko bei den Kindern wiedergutzumachen, war die Lage immer mehr außer Kontrolle geraten. Streitereien und Vorwürfe hatten den Alltag bestimmt, woraufhin der Mann eines Tages beschlossen hatte, sich zum Schutze seiner Kinder von seiner Frau zu trennen. Die extreme Reaktion der Frau hatte darin geendet, dass sie damit gedroht hatte, sich das Leben zu nehmen. So hatte sie eines Tages mit einem Kabel um den Hals bei einem Sessel gestanden und gedroht, sich zu erhängen. Als wäre das nicht schon schlimm genug gewesen, hatte sie nach ihrer Tochter gerufen, wodurch diese ihre Mutter in diesem Zustand hatte sehen müssen. Die Frau hatte ihren Kindern damit offensichtlich aufzeigen wollen, wie fürchterlich deren Vater war und dass er die Schuld an ihrem Zustand hatte. Zum Glück hatte sie ihre Suizidandrohungen nicht in die Tat umgesetzt, doch die Kinder waren durch dieses Erlebnis dennoch schwer traumatisiert worden. Diese Bilder hatten sich festgesetzt und verfolgten die beiden bis in den Schlaf. Auch tagsüber überrollten sie die Eindrücke und Gefühle oft aus dem Nichts heraus, was zu Defiziten im Alltag führte. Rudolf, so hieß der Junge, hing sehr an seiner Mama und hatte die Hoffnung, dass sich ihr Verhalten eines Tages wieder bessern würde. Er hatte Mitleid mit ihr und wollte dabei helfen, dass seine Mutter wieder die fürsorgliche und liebevolle Person werden konnte, die sie einmal gewesen war. Sandra, seine Schwester, hatte ihre Mutter allerdings schon vor langer Zeit abgeschrieben. Sie fühlte sich für ihren kleinen Bruder verantwortlich und hatte deshalb in der Situation ausgeharrt, doch immer wieder hatten die beiden versteckte Flaschen im Haus gefunden, welche sie in der Hoffnung, es könnte sich etwas ändern, selbstständig in den Müll geworfen hatten. Um dieser Lage endlich zu entkommen, hatte der Vater seine Kinder eines Nachts gepackt und mit ihnen das gemeinsame Haus verlassen, um vorübergehend bei einem Freund unterzukommen. Er hatte für sich und seine Kinder entschieden, dass dieser Albtraum endlich ein Ende finden musste. Bedauerlicherweise hatten die Kinder ihre drei Katzen zurücklassen müssen, welche ihnen sehr am Herzen lagen, da in ihrem Übergangszuhause nicht genug Platz für drei Haustiere war. Die Kinder erzählten mir später, dass eine Katze die Lieblingskatze des Vaters gewesen war und die beiden anderen ihnen gehört hatten. Die Tiere hatten ihnen in dieser schweren Zeit immer Halt und Trost gegeben. Sie waren dadurch extrem wichtig für sie geworden und das Zurücklassen bereitete den Kindern große Sorgen. Nach einigen Monaten starb die Lieblingskatze des Vaters eines natürlichen Todes. Traurig und erschüttert vermittelten sie ihrer Mutter die Bitte, sie über alles, was die Tiere betraf, zu informieren. Weil diese immer wieder damit drohte, die Katzen ins Tierheim zu stecken, waren die Sorgen der Kinder nicht unbegründet.

Nach dem schnellen Auszug des Vaters und dem Einreichen der Scheidung, wurde vom Gericht festgelegt, dass die Mutter ihre Kinder nur noch in Begleitung sehen durfte. Anfangs wurde eine Aufsichtsperson festgelegt, mit der sich die Eltern aber nicht besonders wohlfühlten. Da die anfallenden Kosten auch eine große Rolle spielten, stellte sich nach vielen Gesprächen eine Tante mütterlicherseits zur Verfügung, die Aufsicht zu übernehmen. Die Kinder waren damit einverstanden, da sie sich gut mit der Schwester ihrer Mama verstanden. Das klappte einige Zeit ganz gut und die Treffen waren für die Kinder soweit in Ordnung. Leider wurde der Tante aber die emotionale Belastung irgendwann zu viel, weshalb eine neue Besuchsbegleitung gefunden werden musste. Daraufhin kam von der Mutter der Vorschlag, eine gute Freundin von ihr mit der Aufgabe zu betrauen, welche jedoch keiner der restlichen Beteiligten kannte. Als ich das erste Mal mit den Kindern darüber sprach, war sofort klar, dass sich diese besagte Freundin bei unserer nächsten Sitzung in der Praxis persönlich vorstellen muss. Darüber waren das Gericht, der Vater, die Kinder und ich uns einig und so bat ich die Mutter in einem Telefonat darum, dieser Dame den nächsten Termin zu vermitteln. Schon am Telefon blockte sie diese Idee ab und mir kam die Situation plötzlich seltsam vor. Sie vermittelte mir auch klar, dass sie das Gefühl hätte, ich würde mich auf die

Seite ihres Ex-Mannes stellen. Daraufhin erklärte ich ihr eindringlich, dass meine Aufgabe darin bestand, das Wohl der Kinder zu vertreten und mir dies das Wichtigste sei. In der Zwischenzeit versuchte der Vater herauszufinden, wo diese ominöse Freundin auf einmal herkam und wer sie war. Es war verständlich, dass die beiden Geschwister von der Idee, dass eine ihnen unbekannte Frau ihre Treffen begleiten sollte, nicht gerade begeistert waren. Als der besagte Termin anstand, kam jedoch niemand in meine Praxis, um mir und den Kindern Gesellschaft zu leisten. Aufgrund dessen gingen wir davon aus, dass diese Freundin als Aufsichtsperson nicht in Frage kommen würde.

Die Treffen mit der Mutter hatten bis jetzt immer im Elternhaus stattgefunden und der Vater hatte die Kinder danach wieder abgeholt. Da es unverantwortlich gewesen wäre, die Kinder alleine zur alkoholkranken Mutter zu schicken und sie auch Angst vor ihrer Mama hatten, fanden keine Treffen mehr statt. Eine neue Besuchsbegleitung vom Gericht kam für den Vater nicht in Frage, da diese Kosten leider von den Eltern übernommen werden müssen und für die beiden nicht tragbar waren. Die Frau lebte nach wie vor alleine im großen Haus und obwohl es ihrem Ex-Mann gehörte, sträubte sie sich, dieses zu verlassen. Sie schlug jedes finanzielle Angebot dahingehend aus. Das Anliegen ihrer Kinder war es jedoch, in ihr Zuhause zurückzukehren, da in der Nähe des Hauses all ihre Freunde wohnten und sie das vertraute Umfeld vermissten. Sie wünschten sich, in Zukunft wieder ein normales Leben als Familie zu dritt zu führen.

Am Anfang der Begleitung als Kinderbeistand hatte ich die Mutter mit den beiden Kindern gemeinsam regelmäßig angerufen, um sie in unsere Arbeit miteinzubeziehen. Mein Ziel war es gewesen, den Kindern die Möglichkeit zu geben, offene Fragen oder Wünsche an ihre Mama heranzutragen – was jedoch nur begrenzt gelungen war. Ein Brief, den ich mit den Kindern verfasste hatte, hatte ebenso wenig positive Einsicht oder Rückmeldung gebracht. Die Mutter hatte eher immer noch mehr abgeblockt. So hatte es im Interesse aller Beteiligten gelegen, den Kontakt langsam abzubrechen, da seitens der Mutter keine Initiative zu spüren war. Ich hatte meine Arbeit in einem nächsten Schritt dahingehend verändert, die Kinder darauf einzustellen, wenig bis gar keinen Kontakt mehr zu ihrer Mutter zu haben – und auch, wenn es gelegentlich zu einem Treffen kommen würde, sollten sie keine hohen Erwartungen daran haben.

Da der Kontakt inzwischen schon lange nicht mehr bestand, wussten die Kinder auch nichts von ihren beiden zurückgebliebenen Katzen, allerdings war ihnen durch eine Bekannte zu Ohren gekommen, dass auch eine zweite mittlerweile verstorben war. Unter Schock und Tränen erzählten sie mir davon und der Vater bat um ein zusätzliches Treffen, da die Mutter plante, die dritte Katze, welche leider auch schwer krank geworden war, bereits am darauffolgenden Tag einschläfern zu lassen. Die einzige Sorge der Mutter bestand darin, die Kosten dafür tragen zu müssen. Sie schlug dem Vater vor, dass er die Katze beim Tierarzt übernehmen und sich um den Rest kümmern solle. Als ich das hörte, schlug ich die Hände über dem Kopf zusammen und dachte sofort an die Kinder. Sie hätten somit wieder nicht die Möglichkeit, sich angemessen zu verabschieden oder zu trauern. Der Vater bat mich um Hilfe, um eine gemeinsame Lösung für das Problem finden zu können. Mein Vorschlag lautete, die Kinder zum Tierarzt mitzunehmen, damit sie sich diesmal verabschieden konnten. Eine Vertrauensperson sollte sie dann nach Hause fahren. Allerdings sollten sie keinesfalls ihrer Mutter begegnen, um die Lage nicht noch zu erschweren – vor allem, da niemand wusste, wie diese auf ihre Kinder reagieren würde. Die Geschwister fanden die Idee gut, da sie froh waren, die Katze noch einmal sehen und mit ihr kuscheln zu können. Sie waren immens traurig und weinten natürlich – trotzdem war dieses letzte Wiedersehen, bevor das Tier in den Armen des Vaters einschlafen würde, für sie überaus wichtig. Am besagten Tag schrieb mir der Vater, dass alles gut verlaufen war und bedankte sich im Namen der Kinder für die spontane Hilfe.

Bei unserem nächsten Treffen bastelte ich mit den Kindern eine Kerze, die wir im Gedenken an ihre drei Katzen anzündeten. Nach einer Gedenkminute waren sie natürlich traurig, jedoch auch froh, angemessen um die Tiere trauern zu können. Da die Mutter sie auch dieses Mal nicht über den Zustand der Katze informiert hatte, stieg natürlich der Frust und Zorn ihr gegenüber. Somit war den beiden klar, ihre Mutter für eine lange Zeit nicht mehr sehen zu wollen, da mit dieser Aktion erneut die Erinnerungen an die schrecklichen Momente durchgekommen waren: an eine volltrunkene Mutter, die halb nackt durchs Haus gelaufen war, geschrien und alle terrorisiert hatte, den Vater wild beschimpft und ihm die Schuld an allem gegeben hatte. Die Kinder hatten sich während dieser Zeit sich vor Freunden und Nachbarn geschämt und hatten Angst vor der Ungewissheit gehabt, welche schrecklichen Dinge als Nächstes passieren könnten. All diese Bilder galt es, in etwas Gutes und Positives umzuwandeln. Das war die große Herausforderung.

Meine Überlegung war, wie ich hier helfend einwirken konnte, damit wieder ein halbwegs normales Leben für die beiden möglich war. Sie mussten diese furchtbaren Eindrücke verarbeiten, um wieder unbeschwert und fröhlich durchs Leben gehen zu können, ja um neu zu beginnen. Die Bilder in ihren Köpfen sollten sie nicht ein Leben lang einschränken oder ihnen das Grundvertrauen in die Menschen nehmen.

Ich ließ sie also Bilder zeichnen, welche ihre Kindheit widerspiegeln sollten. Die Bilder fingen mit der Geburt des Mädchens an, als die Welt der Familie noch in Ordnung war. Sie malten, wie ihre Mutter die kleine Sandra in den Arm genommen hatte und einfach nur glücklich gewesen war, sie zu haben. Die Schwangerschaft und Vorfreude auf den kleinen Bruder war das nächste Thema. Dann ging es darum, festzuhalten, dass die beiden Kinder auch heute noch immer gut aufeinander aufpassten und zu einem richtig guten Team geworden waren. Die beiden stellten auch das gute Verhältnis zu ihrem Vater bildnerisch dar, der trotz seiner vielen Arbeitsstunden immer für sie da gewesen war und ihnen jeden Wunsch von den Augen abgelesen hatte. Dann kamen die schwierigen Bilder, die zeigten, wie ihre Mama immer öfter heimlich trank – und wie das die Kinder sehr traurig machte. Langsam gingen wir schließlich in die Phase der Trennung der Eltern über. Diese Bilder offenbarten, wie der Alkohol ihre Mama verändert hatte. Die beiden zeichneten ein Wetterpanorama, auf dem einheitlich bei Papa immer die Sonne schien und bei Mama Wolken und Sonne ständig im Wechsel waren, bis zum Schluss nur noch Donnerwetter und Regen überblieben. Es zeigte sich in beiden Zeichnungen ganz klar, dass der Vater der Anker und Halt für die Kinder war.

Nach all diesen Eindrücken fand ich es – gegen meine übliche Empfehlung – in Ordnung, dass der Vater die alleinige Obsorge für die beiden bekommen sollte. Er hatte sie schon vor einiger Zeit beantragt und der Richter sah das nach dem Betrachten des Gesamtbilds der Situation schließlich so wie ich. Er meinte außerdem, dass die Kinder ihre Mutter nicht besuchen mussten, wenn sie das nicht von sich aus wollten. Der Familie fiel ein Stein von Herzen – und eine große Last fiel von den Schultern des Vaters. Die Kinder waren erleichtert, beim Papa bleiben zu dürfen. Obwohl der Junge anfangs noch sehr seiner Mutter zugetan war, erkannte er, dass es keinen Sinn machen würde, solange sie dem Alkohol verfallen war. Beide Kinder verzichteten bewusst auf das Besuchsrecht bei der Mutter, die sich ohnehin nicht genug um die beiden bemüht hatte.

Das Aufteilungsverfahren bezüglich des Hauses konnte ebenfalls abgeschlossen werden, da die Mutter endlich auf einen finanziellen Vorschlag des Vaters eingegangen war. So konnte die Familie in ihr Haus zurückkehren und ein neues Leben beginnen. Um die schlechten Erinnerungen soweit wie möglich abzuschließen, wurde das Haus komplett saniert, ausgeräuchert und neu gestaltet. Alle alten Eindrücke sollten durch neue und schöne ersetzt werden. Ich hatte zuvor lange mit den Kindern darüber gesprochen, wie es für sie wäre, nach eineinhalb Jahren in ihr altes Zuhause zurückzukehren – ob sie die bösen Erinnerungen ausblenden konnten, um unbeschwert und frei dort leben zu können. Sie hatten diesen Teil ihres Lebens angenommen. Er gehörte zu ihnen, doch seit die Mutter nicht mehr bei ihnen lebte, hatte sich die Angst langsam aufzulösen begonnen. Von nun an wollte die Familie nach vorne schauen und ein gutes Leben führen. Das war auch möglich, denn der Vater gab den Kindern den nötigen Halt und genug Liebe.

Ich arbeitete weiterhin mit den Kindern, um die besonders beim Mädchen wiederkehrenden Albträume aufzuarbeiten. Sandra sollte diese in einem Bild festhalten, um sie mit mir gemeinsam zu verarbeiten.

Ein Beispiel hierzu:

„Mama ging fast nackt mit der Flasche in der Hand durchs Haus. Mit einer Axt in der anderen Hand bedrohte sie meinen kleinen Bruder und brachte ihn um."

Ich denke, hierzu gibt es nichts mehr zu sagen.

Bei unserem Abschiedstermin plauderten wir zunächst ganz unbeschwert über Allgemeines. Ich fragte die beiden, wie es ihnen jetzt ging und wie sie unsere gemeinsame Zeit erlebt hatten. Der Junge meinte daraufhin, dass er hier das erste Mal seine komplette Geschichte erzählt hätte – dadurch fühlte er sich besser, erleichtert und weniger belastet davon, dass die Mama drei Flaschen Alkohol am Tag getrunken hatte und er ständig in Angst um sie gelebt hatte. „Ich würde mir wünschen, sie wäre eine normale Mama, doch leider ist es nicht so. Auch kann man unsere Katzen nicht ersetzen, was mich sehr traurig macht, doch zum Glück konnte ich mich zu mindestens von Minki verabschieden."

Sandra schrieb mir einen langen Eintrag in mein Gästebuch: dass sie noch nie so offen mit jemanden gesprochen, sondern ihr Inneres immer versteckt hatte, da es sich geschämt hatte. Sie war sehr froh, dass die Wahrheit ans Licht gekommen war und sie in dieser schrecklichen Situation endlich Hilfe bekam, denn jetzt könnte sie sich endlich auf die Schule konzentrieren, auf ihre Freunde und auf den Papa. Auch sie hatte die Mutter schweren Herzens abgehakt und wusste, dass es im Moment besser für sie war. Sie fühlte sich angekommen und fröhlicher.

In den eineinhalb Jahren, in denen die Kinder bei mir gewesen waren, hatten sie es genossen, die hundertprozentige Aufmerksamkeit von mir zu bekommen. Ich war ihren Fragen gegenüber stets offen gewesen und hatte geholfen, wo es ging. Dieser Rückhalt in Kombination mit der Aufarbeitung hat die Familie wieder auf einen guten Weg geführt. Das ergab einen Anfang für ein normales Leben, wo Freude und Leichtigkeit wieder einen Platz finden konnten.

Ich fragte die Kinder natürlich, ob ich ihre Geschichte in meinem Buch erzählen dürfte. Rudolf antwortete: „Unbedingt! Ich werde das Buch in der Schule verkaufen, damit andere Kinder eine Hilfestellung dadurch erhalten." Sandra meinte ebenso, dass sie sich freuen würde, wenn ihre Geschichte einen Platz in meinem Buch finden würde. Als der Vater die beiden abholte, fragten sie ihn gleich, ob sie zu meiner ersten Lesung kommen dürften. Als wäre dies nicht schon Anerkennung genug, bekam ich eine große Packung Pralinen überreicht. Rudolf und Sandra fielen mir um den Hals und begannen zu weinen, da sie glücklich waren, dieses schlimme Kapitel ihres Lebens nun abgeschlossen zu haben.

Die Kinder waren eineinhalb Jahre bei mir und vielleicht müssen sie gelegentlich erneut zu mir kommen, um Erlebtes zu verarbeiten – was gut und wichtig ist. In der Zeit, in der sie bei mir in der Beratung waren, bekamen sie viel mütterliche Aufmerksamkeit, Wärme, Nähe und Verständnis. In meiner Professionalität hatte ich kurzfristig den mütterlichen Part übernommen, welchem gegenüber sie alles offen sagen konnten, was ihnen am Herzen lag. Die Dankbarkeit des Vaters darüber war sehr groß. Er ist für seine Kinder eine wunderbare Basis, denn er gibt ihnen Liebe und Nähe, ist überaus besorgt um sie und manchmal auch „Ersatzmutter". An dieser Stelle geht ein großes Lob an all die Väter, die sich ihrer Kinder so annehmen!

Der Vater erzählte mir zum Abschluss noch von seinem ersten Eindruck von mir, als er mich beim Elterngespräch gesehen hatte. Ich hatte auf ihn recht streng und resolut gewirkt, was ihn anfangs ein wenig verschreckt hatte. Doch er hatte dann bald erkannt, dass ich wie ein Fels in der Brandung hinter den Kindern stand und fachlich kompetent gute

Lösungen aufzeigte. Dieser groß gewachsene, erwachsene Mann fragte mich an dieser Stelle, ob er mich umarmen dürfte – was er nach meiner Einwilligung dann auch tat. Ich war den Tränen nahe, so berührte mich diese Situation.

Es sind diese Geschichten und Erlebnisse, die meine Arbeit so einzigartig und schön machen. Wenn eine Familie glücklich und zufrieden meine Praxis verlässt, weiß ich, dass ich den richtigen Beruf für mich gewählt habe. All das, was ich gegeben habe, kommt in diesem Moment dreifach zurück. Noch heute berührt es mich tief in meinem Herzen, wenn ich daran denke, wie dieser große, kräftige Mann mich „kleine Uschi" dankend umarmte und so offen seine Gefühle zeigte.

Die Mutter hat meines Wissens nie um ihre Kinder gekämpft und ist momentan im Leben der Familie nicht vorhanden. Ich als Mutter kann das nicht nachvollziehen. Ihr Verhalten zeigt jedoch deutlich auf, welch schlechten Einfluss eine Sucht auf einen Menschen haben kann, wie sich der Charakter verändert und welch hohen Preis er dafür bezahlt.

2.6 Ein leichter Fall

Mit den Worten „Es handelt sich um einen leichten Fall" wurde ich vom Richter zu einem neuen Fall hinzugezogen. „Frau Novak, das wird ein Leichtes für sie!", meinte er weiter. Klarerweise freute ich mich über diese Aussage und die Hoffnung, dass ein Fall mal nicht all meine Kraft in Anspruch nehmen, sondern leicht von der Hand gehen würde. Erholung zwischen den einzelnen schweren Fällen tat auch mir gut und so war ich gespannt, was diesmal auf mich zukommen würde. Würde es bei dieser Einschätzung des Richters bleiben?

So kam es, dass an einem sonnigen Frühlingstag das achtjährige Mädchen Laura und der zwölfjährige Junge Tristan zum Erstgespräch in meine Praxis kamen. In Begleitung ihrer Eltern hörte ich mir deren Geschichte an: Vater und Mutter waren seit einiger Zeit getrennt und hatten sich bereits ein neues Leben unabhängig voneinander aufgebaut. Da sich ihre Kinder in unterschiedlichen Altersstufen und Lebensphasen befanden, wurde sofort klar, dass eine gemeinsame Begleitung hier nicht möglich war. So vereinbarten wir zwei getrennte Termine für die Kinder, um altersgemäß auf sie eingehen zu können. Die Eltern waren beide richtig nett und wirklich um ihre Kinder bemüht, doch eine gute Gesprächsbasis zwischen ihnen war nach der Trennung leider nicht gegeben, woraufhin der Richter mich hinzugezogen hatte. Obwohl es zu einer einvernehmlichen Scheidung gekommen war, waren beide Elternteile vor Gericht anwaltlich vertreten – wohl um auf Nummer sicher zu gehen, was die Kinder betraf. Das Ziel der Eltern war es, die Gesprächsnotwendigkeit zwischen ihnen auf ein Minimum zu reduzieren und trotzdem die beste Situation für alle Beteiligten zu schaffen.

In vielen Fällen sind Vorsicht und Angst der Getrennten so groß, dass gleich von Anfang an rechtlicher Beistand hinzugezogen wird. Dass dies mit hohen Kosten verbunden ist,

dagegen und erlaubte mir, alles Notwendige anzusprechen. Wie es zur kleinen Laura passte, übernahm sie das Gespräch mit ihrem Vater, deponierte ihre Sorgen, sprach alles an und ließ auch nichts aus. Ich saß lediglich als Unterstützung neben ihr, falls sie etwas vergessen sollte, was natürlich nicht der Fall war. Sie sprach ganz konkret an, dass ihr Vater zu leichtfertig mit der Situation umgehen würde und sie sich deshalb Sorgen machte. Er sollte ihren Bruder häufiger zurechtweisen und das mit seiner neuen Freundin und deren Kindern unbedingt besprechen. Der Junge wäre kein guter Einfluss für ihren Bruder – mit dieser Aussage beendete sie ihr Plädoyer. Wir lauschten gespannt, ob da noch was kommen würde, doch sie hatte wohl alles gesagt.

Die Eltern erzählten mir später, dass ihre Tochter schon immer so und ihrem Alter stets weit voraus gewesen war. Ich dachte nur, dass eine kleine Nachwuchstherapeutin geboren war und wir Zeugen ihrer Kunst sein durften.

Ihr Vater versprach ihr nach ihrem Vortrag, sich um die Sache zu kümmern. Er sicherte ihr zu, mit seiner Freundin und deren Kindern über alles zu reden. Da dieses Thema seine Tochter wirklich Tag und Nacht beschäftigte, war eine schnelle Klärung notwendig, damit auch das Mädchen wieder in seinen kindgerechten Alltag finden konnte. Als das Gespräch vorüber war und ich mit ihr alleine die Situation nochmal reflektierte, bestätigte sie mir sofort, wie befreit sie sich jetzt fühlte. Ein großer Stein war ihr vom Herzen gefallen, da ihre Sorge ernstgenommen und angehört worden war.

Am Tag der Gerichtsverhandlung waren die beiden Geschwister und ich gut vorbereitet. Ich zitiere die Kinder bei der Verhandlung wortwörtlich. Es waren Worte an die Eltern, in welchen sie ihre grenzenlose Liebe deutlich ausdrückten. Mutter wie Vater waren von den persönlichen Worten ihrer Kinder berührt, dass bei beiden die Tränen flossen und auch bei den Zusehern kein Auge trocken blieb. Der Junge vermittelte noch eindringlich, dass er mehr Zeit mit dem jeweiligen Elternteil alleine verbringen möchte. Mit Mama wollte er unbedingt einmal nach Amerika fahren, da dies ein Herzenswunsch beider war. Das Mädchen drückte sich natürlich etwas theatralischer aus und meinte, wie froh es war, dass sie da wären und überhaupt lebten. Laura betonte jedoch auch, wie traurig sie die Trennung ihrer Eltern stimmte und dass es ihr großer Wunsch wäre, dass sie wieder zueinander fänden. Sie fügte hinzu, dass ihr Verstand wusste, dass dies nicht möglich war, aber ihr Herz es sich doch sehnsüchtig wünschte. Sie machte sich noch immer Sorgen darüber, wie es nun weitergehen würde. Zum Schluss meinte sie noch, wie froh sie sei, dass es ihre Eltern gab, da es auch sie sonst nicht geben würde – genau in dem Wortlaut, in dem sie es in der Beratung vorbereitet hatte. Die Eltern waren natürlich noch immer zutiefst berührt und nahmen an diesem Tag wohl einiges zum Nachdenken mit. Als sich ihre Tochter alles von der Seele geredet hatte, bestätigte ich ihr, dass ihre Gefühle ganz normal wären. Sie meinte daraufhin: „Ich bin schon froh, wenn Mama und Papa nicht mehr streiten!"

Wissen Sie, ich liebe es, mit Kindern zu arbeiten! Sie schaffen es in einfachen Worten, das Wichtige im Leben auf den

Punkt zu bringen, die Eltern wachzurütteln und zu erklären, worum es in einer Familie eigentlich geht – nämlich dankbar zu sein, dass man leben darf und einander hat. Viele Familien, die ich in meiner Laufbahn kennengelernt habe, gäben einiges dafür, das erleben zu dürfen. Sie hatten das Wichtigste in ihrem Leben verloren. Die tiefen Kränkungen sind am Ende einer Beziehung oft vordergründig, doch dass es auch einmal eine Zeit gegeben hat, in der Schönes entstanden und Liebe da war, wird meist verdrängt.

Laura kam auch weiterhin zu mir in die Praxis und bat mich nach einiger Zeit nochmal um ein Gespräch mit ihrem Papa. Die Problematik mit ihrem Bruder hatte sich nach einem langen klärenden Gespräch in der Familie erledigt, doch sie fühlte sich vernachlässigt und nutzlos in dieser neuen Konstellation. Sie konnte ihren Platz und ihre Zugehörigkeit nicht finden, was mich als Kinderbeistand natürlich aufhorchen ließ. Sie war ein sensibles und einfühlsames Mädchen, daher fragte ich genauer nach: „Warum möchtest du mit deinem Papa sprechen?" Traurig meinte Laura: „Meinem Papa etwas zu sagen ist nutzlos, da er immer mit Wichtigerem beschäftigt ist. Wenn ich mit ihm spielen möchte, verspricht er es mir, nimmt sich dann aber keine Zeit für mich, da der Haushalt, Bügeln, das Geschirr und zu rauchen immer wichtiger sind."

Als ihr Vater erneut zum Rapport zu mir in der Praxis erschien, übernahm ich auf die Bitte des Mädchens hin die Gesprächsführung. Er stellte sich wie gewohnt den kritischen Worten seiner Tochter und wollte nach wie vor das Beste für seine Kinder. Ich hatte ihn zuvor telefonisch ein wenig auf das Gespräch vorbereitet und ihn gebeten, einfach zuzuhören, die Worte wirken und sacken zu lassen – keinesfalls aber sollte er sich rechtfertigen, damit Laura endlich einmal all ihre Empfindungen loswerden konnte. Ich vermittelte ihm also jetzt an Ort und Stelle die Anliegen und Eindrücke seiner Tochter, etwa dass für gemeinsame Spiele nie Zeit war und aus ihrer Sicht alles andere im Vordergrund stehen würde. Wenn sie dann einmal mit ihrem Papa darüber reden wollte, hatte sie das Gefühl, dass es seiner Freundin nicht recht war und so ließ sie es inzwischen lieber bleiben. Ein Thema, das dem Mädchen noch besonders am Herzen lag, war das Zirkusturnen: Es hatte sich eingespielt, dass Laura jeden Montag zum Zirkusturnen ganz in ihrer Nähe ging. Sie hatte großen Spaß daran und es war ein wichtiger Punkt in ihrem Leben geworden, doch wenn sie bei ihrem Vater war, wurde der Termin immer abgesagt und das machte sie sehr traurig. Aus diesem Grund kam ihrerseits der Vorschlag, immer erst am Dienstag zu ihm zu kommen, um wieder regelmäßig zum Zirkusturnen gehen zu können.

Wie vereinbart hörte der Vater bei allem gespannt zu, er hinterfragte jedoch kurz, ob sie denn nicht gerne bei ihm wäre. Laura verneinte dies sofort und betonte mit Nachdruck, dass sie ihren Vater gerne besuchte, jedoch auch die Zeit mit der Mutter wichtig fand und vor allem das Zirkusturnen genoss. Sie bestätigte nochmal, dass es nichts mit ihm zu tun und ihr diese Entscheidung niemand eingeredet hatte. Lauras Papa nahm die Wünsche seiner Tochter zur Kenntnis und versprach ihr, sich in Zukunft mehr Zeit für sie zu nehmen und sensibler mit ihren Bedürfnissen umzugehen. Vor lauter

Freude sprang sie daraufhin auf seinen Schoß, drückte ihn ganz fest und sagte ihm, wie lieb sie ihn hat.

Für unser letztes gemeinsames Treffen mit der ganzen Familie hatte ich mir mit den Kindern etwas Besonderes ausgedacht. Da alle Anwesenden auffallend reflektiert waren, ließ ich die Geschwister ihre Eltern im Vorfeld aus ihrer Sicht vorstellen und analysieren. In eine Geschichte verpackt konnten sie alle Eigenschaften niederschreiben. Diese Aufgabe machte den Kindern sichtlich Spaß und sie steckten all ihre Fantasie hinein. Mit dem Ergebnis saßen sie dann vor ihren Eltern und brachten diese erneut zum Staunen und Weinen. Der Junge erzählte von der handwerklichen Begabung, dem Humor und den Reitkünsten seines Vaters. Seine Mutter, die Lehrerin war, konnte aus seiner Sicht gut schreiben, basteln und Gitarre spielen, war hilfsbereit und sehr lieb. Natürlich wollte der Junge auch seine Schwester nicht auslassen und so zählte er auch ihre Fähigkeiten wie Basketball spielen, reiten, Blödsinn machen und ihre Hilfsbereitschaft auf. Die kleine Laura führte danach ähnliche Eindrücke an und beide Elternteile waren beeindruckt, dass sich ihre Kinder so mit ihnen auseinandersetzten. Um auch den Kindern ein schönes Erlebnis zu bescheren, fragte ich die Eltern spontan nach den positiven Eigenschaften ihrer Kinder und was sie besonders an ihnen schätzten und liebten. So waren sie sich bei ihrem Sohn einig, dass ihnen seine Selbstständigkeit und Wortgewandtheit, also seine Ausdrucksform, sehr gefiel und sie beeindruckte. Das Mädchen stach natürlich durch seine Hilfsbereitschaft und Fähigkeit zur Reflexion heraus. Der Umstand, dass sie sich über alles Gedanken machte, machte Laura zu etwas Besonderen.

Man spürte, wie stolz die ganze Familie aufeinander war und wie froh alle waren, einander zu haben.

Was sehen wir hier? Selbst wenn eine Beziehung eines Tages in die Brüche geht, so kann trotzdem das Gefühl der Familie bestehen bleiben. Die Eltern können einander weiterhin wertschätzend begegnen und ihre Kinder somit Respekt und Achtung lehren.

Als Nächstes zeigte ich den Kindern die bleibende Verbindung zwischen ihnen und ihren Eltern, indem wir diese mit dem Ihnen bereits bekannten Wollfaden veranschaulichten. Natürlich musste die kleine Nachwuchstherapeutin dieses Spiel noch einmal mit den Worten „Für immer verbunden, alles zwischen uns bleibt gleich" kommentieren. Ihr Bruder schloss sich ihrer Meinung an.

Meine Abschlussfrage lautete: „Was hat sich durch die Arbeit mit dem Kinderbeistand für euch verändert?" Wie aus der Pistole geschossen waren sich die Kinder einig: „Mama und Papa streiten nicht mehr!" Die Mutter zeigte sich von dieser Reaktion äußerst betroffen und weinte erneut vor Freude, was ihre Tochter natürlich sofort wieder hinterfragte. Die Frau war glücklich, dass sich alles zum Guten gewendet hatte.

In der Erziehungsberatung hatten die Eltern eine Ferienregelung ausgearbeitet, welche später dem Richter vorgelegt werden musste. Ich bat sie, diese nach Absegnung der Kinder formell von ebendiesen unterschreiben zu lassen – als eine Art Zeichen, dass sich alle an diese Vereinbarung halten wollten. Ich überließ es den Eltern, ob sie die Vereinbarung selbst dem Richter übergeben wollten oder ob ich das für sie erledigen sollte. Es gab für sie keinen Grund mehr, vor Gericht zu gehen und so hatte sich ein einfacher Fall zum Guten gewendet. Der Akt war somit geschlossen und jeder konnte ohne Groll und Streit in sein neues Leben gehen.

Der Richter war wirklich richtiggelegen: Das war einfacher Fall gewesen – ein Fall mit netten Beteiligten, die trotz der Trennung das Wohlergehen der Kinder in den Vordergrund stellten und bereit waren, an sich zu arbeiten, sich selbst zu hinterfragen und Hilfe anzunehmen. Es ist keine Schande, sich Rat von außen zu holen, um mit der Ausnahmesituation, die eine Trennung für alle darstellt, besser umgehen zu können. Der Schaden sollte für alle so gering wie möglich gehalten werden, um in ein neues glückliches Leben starten zu können. Das Credo in all meiner Begleitungen ist es daher, miteinander zu reden, einander zuzuhören und gemeinsam respektvoll nach Lösungen zu suchen – wenn nötig mit therapeutischer oder beratender Hilfe. Wie schon mehrfach erwähnt: Im Endeffekt sind es die Kinder, die am meisten darunter leiden – ohne jemals in die Entscheidung miteinbezogen worden zu sein. Sie müssen sich mit den Gegebenheiten arrangieren und kommen dabei oftmals zu kurz. Aus diesem Grund liebe ich meine Arbeit als Kinderbeistand: Kinder werden durch Beistände erhört und können so die Trennungssituation besser annehmen.

2.7 Das Boot

Das Alte noch nicht abgeschlossen – im Neuen schon mittendrin. Mit dieser Herausforderung ist die heutige Generation von Kindern oftmals seelisch und geistig konfrontiert: Statt sich an die neue Situation der Familie langsam heranzutasten und Geist und Seele die Zeit zu geben, das Geschehene zu verarbeiten, werden oft schnell neue Familien gegründet und die Kinder in diese hineingeschubst. Inmitten der zurückgebliebenen Scherben beginnt das mühsame Zusammensetzen der zerbrochenen Teile und die Überforderung bei Eltern und Kindern. Die klare Struktur einer „klassischen" Familie geht verloren und es wird versucht, über einen hart erkämpften neuen Weg wieder zum ersehnten neuen Familienglück zu gelangen.

Genau hier beginnt meine Arbeit und die der folgenden Geschichte, wobei mein Hauptaugenmerk wie immer bei den Kindern und deren Anliegen liegt. Viele Eltern erwarten von sich selbst und auch von ihren Kindern zu viel, geben eine unangemessene Geschwindigkeit vor, die sie in der Realität dann überfordert. Außenstehende versuchen zu schlichten, zu vereinbaren und zu koordinieren, damit der Schaden sich in Grenzen hält und gespaltene Familien für die Kinder auch in Zukunft einen Anker im Leben darstellen können.

Der elfjährigen Nina und ihrer 14-jährigen Schwester Alice erging es ähnlich wie vielen Kindern in dieser Situation. Ich wurde vom Gericht für die jüngere der beiden Schwestern hinzugezogen, um zu retten, was noch zu retten war, da die

Kleinere mit der gesamten Situation überfordert war. Beide Mädchen lebten aus organisatorischen Gründen zum damaligen Zeitpunkt bei ihrem Vater, östlich von Wien. Die Mutter war mittlerweile mit ihrem neuen Mann ins Burgenland übersiedelt. Die beiden Frischverheirateten erwarteten bereits ihr erstes gemeinsames Kind.

So begann neues Leben in einer neuen Familie heranzuwachsen, obwohl die Zukunft der alten Familie noch immer ungeklärt war. Als die Ferien für die beiden Schwestern vor der Türe standen, beschloss Alice, ihre Sachen zu packen und beim Vater auszuziehen. Sie und die neue Lebensgefährtin des Mannes verstanden sich nicht sonderlich gut und so kam es zwischen Vater und Tochter regelmäßig zu heftigem Streit. Aus diesem Grund fasste sie den Entschluss, zur Mutter zu ziehen und ihrem Papa von nun an den Rücken zu kehren. Dies wiederum kränkte ihre jüngere Schwester sehr, da sie dadurch alleine zurückblieb und von ihrer Schwester getrennt wurde. Um vor Gericht gleichberechtigt zu sein, wollte Alice mich nun ebenfalls als Kinderbeistand an ihrer Seite wissen.

In den ersten Beratungsstunden mit Nina weinte diese fast durchgehend. Sie war wegen der Scheidung der Eltern nervlich völlig am Ende und konnte den zusätzlichen Auszug ihrer großen Schwester kaum verkraften. Zusätzlich fehlte ihr die ständige Nähe der Mutter, was sich in den nächsten Sitzungen leider nicht wesentlich verbesserte. Die seelische Anspannung war groß, doch sie wollte keinesfalls zur Mutter ziehen, da sie ihren Vater ebenso sehr liebte. Völlig neben der Spur durch diese Zerrissenheit war ihr mit dieser Herausforderung jeglicher Halt genommen worden. Der Zwiespalt, wo sie hingehörte und wie sie den Kontakt zu ihrer Schwester halten konnte, wurde täglich größer. Die seelische Anspannung spiegelte sich auch in ihren schulischen Leistungen wider. Trotzdem konnte sie das Schuljahr positiv abschließen, was in Anbetracht der Umstände eine wirklich große Leistung war.

So war es anfangs das Ziel, ein wenig Trost und Ordnung in ihr Leben zu bringen und mit meiner Unterstützung zu lernen, mit der Trennung von Mutter und Schwester besser umgehen zu können. Es war mir ein Anliegen, dass sie ihre kindliche Unbeschwertheit zurückerlangen konnte – durch das Treffen mit Freundinnen, spielen und lachen.

Erst nach der vierten Sitzung mit Nina begann ich, zusätzlich mit ihrer großen Schwester Alice zu arbeiten. Ich versuchte altersgerecht und individuell auf die Bedürfnisse beider einzugehen und viele Themen beratungstechnisch anzusprechen. Alice wollte ihren Vater im Gegensatz zu ihrer Schwester überhaupt nicht mehr sehen, da sie aus diversen Gründen vollkommen zerstritten mit ihm war. Sie beschrieb die Situation mit ihrem Vater mit folgenden Worten: „Er ist mir egal!“ Das war doch eine recht harte Aussage über den eigenen Papa.

Ich arbeitete also mit beiden Geschwistern getrennt voneinander die jeweiligen Wünsche für die Verhandlung vor Gericht aus. Ich wollte herausfinden, welche Punkte und Anliegen an die Eltern und das zuständige Gericht kommuniziert werden sollten, was ihnen besonders wichtig war und wer wen und wann in den Ferien oder an den Wochenenden sehen wollte.

Am Tag der Verhandlung waren wie üblich bei schwierigen Trennungen beide Eltern anwaltlich vertreten. Die Anwältin der Mutter kannte ich aus vorherigen Verhandlungen und so kam sie auf mich zu, um mich persönlich zu begrüßen. Die Anwälte der zu vertretenden Personen müssen oft miterleben, wie verfahren die Situation zwischen den Eltern ist und wie über die Köpfe der Kinder hinweg entschieden wird. In einem unbemerkten Augenblick flüsterte die Anwältin dem Richter und mir zu: „Frau Novak, haben Sie vielleicht eine Idee, wie ich mit meiner Mandantin weiterkommen könnte? Dieser Fall scheint sich als schwierig herauszustellen." Der Richter und ich schauten uns gegenseitig an und mussten ein wenig schmunzeln – er kannte mich bereits von früheren Fällen und wusste, dass ich mir etwas einfallen lassen würde. Natürlich hatte ich mir zu dem Fall Gedanken gemacht und mir vorgenommen, die beiden Elternteile vor Gericht ein wenig wachzurütteln. Manchmal benötigen geschiedene Eltern eine kleine Kopfwäsche, um ihnen die Realität ihrer Kinder vor Augen führen zu können. Aus diesem Grund drehte ich im Gerichtssaal ein wenig auf, um mir mit einem gewissen Grad an Lautstärke die Aufmerksamkeit der Eltern zu sichern. In diesem Fall musste ich mir deutlich Gehör verschaffen, um Vater und Mutter von ihrem Egotrip ein wenig herunterzuholen.

„Was ist bei Ihnen los?", fragte ich die Eltern. Immerhin lehnte die ältere Tochter den Vater strikt ab, während die jüngere massiv unter dem Verlust von Mutter und Schwester litt. „Sie beide gehen doch in eine Erziehungsberatung, warum hat diese nicht den gewünschten Erfolg? Warum gehen ihre Kinder an dieser Situation langsam zu Grunde? Können Sie mir das erklären?"

Im Gerichtssaal wurde es leise. Wäre eine Stecknadel auf den Boden gefallen, alle hätten sie gehört. Die Eltern sahen mich mit offenen Mündern und großen Augen an. Alle warteten gespannt ab, was jetzt passieren würde. Ich wandte mich an den Vater der Mädchen: „Bitte schauen Sie mich an!", bat ich ihn. „Ich möchte Ihnen etwas sagen: Das Problem mit Ihrer älteren Tochter besteht doch nicht erst seit gestern. Was ist so Gravierendes zwischen Ihnen passiert, dass sie Sie so sehr ablehnt und nicht mehr sehen möchte?" Erstaunt meinte dieser auf meine Frage: „Sie ist halt aus meinem Holz geschnitzt und genauso stur wie ich. Wenn sie meint, dass es so ist, dann ist es auch so." Darauf erwiderte ich: „Das ist eine Erklärung, aber doch noch kein Grund. Sie lehnt Ihre neue Lebensgefährtin strikt ab, da diese laut Ihrer Tochter mit den Worten ‚Gott sein Dank zieht sie aus, dann haben wir endlich unsere Ruhe' auf ihren Auszug reagiert hat. Das kann es doch nicht sein." Wieder wurde es verdächtig still im Saal. „Sie haben Ihre Tochter zweimal zu mir in die Praxis gebracht. Diese Übergabe hat beide Male absolut emotionslos stattgefunden: keine Verabschiedung, kein Küsschen, kein ‚Bis später!', gar nichts. Sie sind laut Ihrer Tochter mit dem Auto gekommen und auch während der Fahrt war kein Wort gefallen. Wie geht das?" Der Mann schaute mich an und meinte erneut: „Was soll ich machen? Es ist halt so." Ich gab noch nicht auf: „Wenn Sie schon nicht miteinander reden, haben Sie schon einmal versucht,

Ihrer Tochter einen Brief zu schreiben, um so in Kommunikation zu treten? Einen handgeschriebenen, persönlichen Brief?" Voller Entsetzen antwortete er: „Ich und einen Brief schreiben? Das geht ja gar nicht!" Ich erklärte weiter: „Ja! Keine Mail und keine WhatsApp-Nachricht, sondern einen Brief, der die Wertschätzung gegenüber Ihrer Tochter aufzeigt. Ein paar Zeilen darüber, wie gern Sie sie haben, wie wichtig sie Ihnen ist, positive Erinnerungen und Erlebnisse, was auch immer." Es kostete den Vater eindeutig einiges an Überwindung, doch ich entlockte ihm ein kurzes: „Na ja, ich probiere es aus." Ich entgegnete: „Ja, ich bitte darum und das so bald wie möglich. Ihre ältere Tochter fühlt sich vernachlässigt von Ihnen. In ihren Augen bevorzugen Sie die kleinere und so hatte sie nie das Gefühl, dass Sie hinter ihr stehen. Sie fühlt sich gegenüber allen anderen Personen in der Familie stets zurückgestellt und in ihren Bedürfnissen nicht ernstgenommen. Was Sie jetzt erleben, ist das Ergebnis Ihrer Vorgehensweise. Denken Sie mal drüber nach, was Ihnen ihre Tochter eigentlich wert ist! Schreiben Sie ihr einen Brief und im Anschluss organisieren wir eine Aussprache in meiner Praxis." Jetzt schaltete sich die Mutter ein und meinte: „Das wird sie nicht wollen." Doch das ließ ich nicht stehen: „Dann ist es Ihre Aufgabe als Mutter, sie dahingehend zu bestärken. Ihre Tochter läuft mit einem unheimlichen Groll durchs Leben. Es sind ihre Wurzeln, er ist ihr Vater und es ist ihr in ihrem tiefen Inneren nicht egal, auch wenn sie es jetzt nicht zugeben möchte. Sie ist 14 Jahre alt, mitten in der Pubertät, und Sie haben die Verpflichtung, ihr vorzuleben, wie man es richtig macht. Sie müssen ihr erklären, dass sie sich selbst nichts Gutes tut, wenn sie vor der Situation davonläuft und sich dieser nicht stellt. Im Übrigen bestehe ich auf das Abschlussgespräch zu viert in meiner Praxis."

Mit diesen Worten beendete ich mein Plädoyer. Die Eltern schauten mich an und konnten es nicht fassen. In diesem strengen Ton hatte zuvor sicher noch keiner mit ihnen gesprochen. Ich wollte sie wachrütteln und ließ darum ab sofort kein Schönreden der Eltern mehr zu. Es musste dringend eine zum Wohle der Kinder passende Lösung her, denn deren nervliche Belastbarkeit war weit überschritten und ich akzeptierte keine Beschwichtigung oder Ausreden diesbezüglich. Dieses Recht hatte ich und ich nahm es zum Wohle der Kinder in Anspruch.

Ich wandte mich dem Richter zu und fragte, ob wir diesen wichtigen Punkt des „Gespräches zu viert" im Protokoll festhalten könnten. Der Richter nickte und meinte: „Wenn der Kinderbeistand dies so möchte, dann ist es so." Ich bestätigte mit einem deutlichen „Ich bitte darum" und wandte mich erneut den Eltern zu. Diese nahmen die Entscheidung wortlos zur Kenntnis und hatten am Nachhauseweg wohl einiges zum Nachdenken.

Im weiteren Verlauf arbeitete ich mit den beiden Mädchen daran, Verletzungen, Kränkungen und Enttäuschungen abzubauen. Gerade die jüngere Tochter brauchte besonders viel Zuspruch und oftmals überkamen ihr erneut die Tränen. Mein Hauptaugenmerk lag bei den Besuchen bei ihrer Mutter. Die Frage war: Wie konnte die weite Distanz überwunden werden und wie konnten die Treffen bestmöglich und erfüllend ablaufen?

Drei Tage vor dem besagten Versöhnungsgespräch in meiner Praxis erhielt die große Tochter tatsächlich einen Brief ihres Vaters. Daraufhin schrieb sie mir eine Nachricht und meinte nur: „Ich komme nicht!" Ich fragte sie nach dem Grund und teilte ihr mit, dass ich den Termin auf jeden Fall beibehalten wollte. Ich schlug ihr vor, den Brief mitzubringen, damit wir ihn gemeinsam mit ihrem Vater besprechen könnten. „Den habe ich schon weggeschmissen", lautete ihre kurze und knackige Antwort. Ich bat sie, trotzdem zu mir zu kommen und versicherte ihr, ihrem Vater telefonisch abzusagen, damit wir zu zweit reden konnten. Es stand ohnedies das bei Gericht beschlossene Gespräch mit allen vier Mitgliedern der Ursprungsfamilie an.

Als Alice am besagten Tag zu mir kam, wurde sie von ihrer Mutter gebracht. Ich bat das Mädchen, kurz Platz zu nehmen, um nach dem genauen Ablauf oder Inhalt des Briefes fragen zu können. Die Mutter konnte zur Aufklärung nicht viel beitragen, also bat ich sie, draußen Platz zu nehmen, um mit meiner Klientin alleine zu sprechen. In eindringlichem Ton fragte ich nochmal nach dem Inhalt des Briefes und nach dem Grund, warum sie so verletzt war. Sie meinte aber nur: „Ich weiß es nicht mehr." Das ließ ich nicht gelten: „Bitte sei mir nicht böse, aber irgendwann wird dich diese Geschichte einholen. Je früher du dich ihr stellst, umso weniger wird sie dich später belasten. Und irgendwann wird es dich belasten, glaub mir bitte. Je mehr Verdrängung, je mehr Ablehnung du empfindest, desto mehr Groll entsteht in deinem Inneren. Du tust dir selbst nichts Gutes damit. So zu tun, als wäre nichts, als ließe dich der Streit unberührt, ist keine Lösung.

Du verlierst dabei deine Lebensfreude und es schmälert keineswegs dein Problem – im Gegenteil!“

Als ich dem Vater zuvor telefonisch abgesagt hatte, hatte ich ihn natürlich nach dem Inhalt des Briefes gefragt. Laut seiner Angaben hatte er geschrieben, dass er an einer Versöhnung interessiert wäre, und er hatte ihr einen gemeinsamen Urlaub angeboten – ohne seine Lebensgefährtin. Er wollte diesen Urlaub nur mit seinen zwei Töchtern verbringen.

Doch Alice blieb strikt dabei, dass sie ihren Vater nicht sehen wollte. Ich erinnerte sie daran, dass sie die Versöhnung als den Herzenswunsch ihrer Schwester so nicht erfüllen konnte. Nina aber wünschte sich nichts mehr, als dass ihre große Schwester wieder zum Papa zu Besuch kam und sie einander somit häufiger sehen würden. „Wie wollt ihre eure Geschwisterbasis aufrechterhalten, wenn du ihr nicht entgegenkommst? Die vierzehntägigen Besuche bei eurer Mutter werden zu wenig sein. Eure Eltern haben sich getrennt, das muss aber nicht eure Trennung bedeuten.“ Das Mädchen hatte keine Antwort darauf und schwieg. Ich setzte nach und lud Alice zum Nachdenken ein: „Du wirst bald 15 Jahre alt und es gehört zum Erwachsenwerden dazu, dass man lernt, zu verzeihen. Dein Vater hat dir einen Brief geschrieben, wollte eine Aussprache, ist über seinen Schatten gesprungen. Was ist dein Beitrag, dein Plan, was hast du dir dazu überlegt? Verdrängen geht nicht!“ Weiterhin kam nur Schweigen von ihrer Seite, doch ich wusste, dass ich sie jetzt dort hatte, wo ich sie haben wollte: Sie war endlich in der Position, Verantwortung für das eigene Handeln oder auch Schweigen übernehmen zu müssen. Schließlich lenk-

und stellen sich Ihrer Tochter“, entgegnete ich forsch. Im selben Moment wollten auch die beiden anderen das Gespräch abbrechen und gehen, woraufhin ich wieder deutlich zum Ausdruck brachte: „Nein, auch Sie bleiben bitte hier! In meiner Praxis läuft niemand vor Problemen davon!“ Mit großen Augen sah der Vater mich an. Er konnte offenbar nicht glauben, dass ich, die kleine Uschi Novak, mir dieses Recht herausnahm.

Sie blieben tatsächlich. In diesem Moment war mir wichtig, dass die Kinder im großen Beratungsraum – also im bekannten Umfeld – blieben und ich mit den Eltern in den kleineren ging. Um meine Aufforderung mit Nachdruck anzubringen, wiederholte ich sie energisch: „Sie, die Eltern dieser beiden tollen Kinder, können sich jetzt in dieses Zimmer setzen und über alles reden. Ihre Kinder sind mit den Nerven am Ende. Möchten Sie die beiden vollkommen fertigmachen? Das lasse ich nicht zu, glauben Sie mir.“ Sprachlos folgten sie zögernd und widerwillig meiner Aufforderung. Im zweiten Beratungsraum angekommen setzte ich meine klare Linie fort: „Sie haben hier und jetzt eine Stunde Zeit, um sich dieser Sachlage zu stellen. Ohne Anwälte, ohne Fluchtmöglichkeit – nur Sie beide. Viel Spaß dabei!“ Der Vater ergriff laut das Wort und meinte, er würde die Polizei rufen, worauf ich sofort energisch antwortete: „Erstens werde in meiner Praxis nur ich laut, und wenn jemand die Polizei ruft, dann bin das ebenso ich. Ist das klar? Ich schließe jetzt hinter mir die Türe und verlasse mich darauf, dass Sie und die Kindesmutter nicht streiten. Ich kümmere mich in der Zwischenzeit um Ihre Kinder.“ Ich drehte mich wortlos um und machte die Tür hinter mir zu.

Ich denke, dass die beiden verdutzt im Zimmer gesessen haben werden und meine Unverschämtheit kaum glauben konnten – dass sie jedoch drinnen blieben, war ein gutes Zeichen. Als ich in das andere Beratungszimmer kam, in welchem die Kinder warteten, meinte ich nur: „Jetzt habe ich mit euren Eltern mal Klartext gesprochen und bin richtig streng geworden. Ohne Anwalt und Gericht oder sonstige Institution müssen sie jetzt miteinander reden – wahrscheinlich das erste Mal seit ihrer Trennung. Wir geben ihnen heute die Chance, etwas richtig und gut zu machen." Die Mädchen schauten mich erstaunt und fragend an. Im gleichen Atemzug forderte ich sie auf, ihre Sitzplätze zu tauschen und einen bewussten Setting-Wechsel zu machen, denn eigentlich sollten sie nebeneinandersitzen und zueinanderstehen. Immerhin saßen sie im selben Scheidungsboot und sollten diese stürmische Zeit gemeinsam überstehen, ohne sich auf die Seite eines Elternteils setzen zu müssen. „Eine sitzt auf Mamas Seite im Boot und die andere bei Papa. Das ist nicht richtig. Ihr gehört zusammen und solltet in einem Boot sitzen. Jetzt habt ihr euer Geschwisterboot und Mama und Papa das Elternboot. So, wie es eigentlich sein sollte." Erleichtert, weinend und freudig umarmten sich die beiden Schwestern und stimmten mir dankend zu: „Ja, wir bauen jetzt unser eigenes Schiff!"

Im Nebenraum war es anfangs laut – heftige Diskussionen waren im Gange. Ich ließ die beiden Zankhähne in Ruhe, denn endlich wurden Frust, Ärger und Trauer laut ausgesprochen. Als es allmählich leiser geworden war, sagte ich zu den Kids: „Ich schaue mal, wie es ihnen geht." Ich ging zu den Erwachsenen rüber und blieb in meinem Ton bestimmend: „Sehr brav, ich merke, Sie reden miteinander. Das gefällt ihren Kindern und mir sehr gut. Viel Spaß noch!" Ich schloss die Türe hinter mir und widmete mich erneut den Kindern. Diese hatten in der Zwischenzeit begonnen, ihr gemeinsames Boot zu malen, welches sie mir im Anschluss zufrieden und stolz präsentierten. „Ein sehr schönes Bild! Und bitte merkt euch: Egal, was mit euren Eltern passiert, ihr beide sitzt in eurem eigenen Boot und nichts kann euch trennen. Die Situation ist leider derzeit so, wie sie ist – ihr lebt getrennt, doch bitte macht das Beste daraus! Beginnt euch heute noch via Internet miteinander zu vernetzen, schreibt euch regelmäßig, telefoniert und vereinbart selbstständig gemeinsame Treffen. Ihr seid alt genug, dies zu tun – lasst euch eure gemeinsame Zeit wegen der Trennung nicht nehmen." Einsichtig, glücklich und zufrieden saßen sie vereint in ihrem Boot, waren angekommen und am richtigen Weg.

Ich ging erneut ins Nebenzimmer, um mir ein Bild der Lage zu machen. Da ich die Eltern der Mädchen in ihrem Gespräch unterbrochen hatte, baten sie mich noch um ein paar Minuten Gesprächszeit. „Kommen Sie bitte in fünf Minuten zu uns!", sagte ich. Ich schloss die Tür und konnte es kaum glauben: Ich hatte geschafft, was sämtliche Anwälte und Richter nicht geschafft hatten: Sie redeten miteinander! Ich hatte ihnen die Möglichkeit und Gelegenheit dazu gegeben – von nun an mussten sie es alleine schaffen, und meinem ersten Eindruck nach waren sie am besten Weg.

Als sie zu uns ins Zimmer kamen, saßen ihre Kinder eng umschlungen auf dem Sofa und ein neues Bild zeichnete sich ab. Die Mutter war vom Anblick ihrer Kinder gerührt und hatte Tränen in den Augen. In dem neu entstandenen Setting war auch die Position aller Beteiligten gut: Die Eltern saßen nebeneinander und ihnen gegenüber die Kinder ebenfalls nebeneinander. Mit strengem Blick wies ich die Eltern darauf hin, dass ihre Trennung die beiden Geschwister beinahe entzweit hätte, dass diese räumlich und seelisch voneinander getrennt worden waren, ohne etwas dafür zu können. Das hatte Groll und Schmerz in beiden ausgelöst. Ich fragte die beiden Mädchen, ob sie denn ihr gemeinsames Bild herzeigen wollten. Sie bejahten und erklärten den Eltern die Situation nochmal in aller Deutlichkeit. Und ich – Sie ahnen es schon – packte ich mein Wollknäuel aus. Im Anschluss an meine Demonstration wollte ich von den Schwestern wissen, ob sich nach dem Durchtrennen des Bandes der Eltern denn etwas in ihrer Verbindung verändert hätte. „Nein“, entgegneten sie bestimmt. Da die Situation in dieser Familie extrem schwierig war, wollte ich durch ein zusätzliches Bild den Horizont aller erweitern. Ich holte aus einer meiner Laden zwei goldene Säckchen heraus und drückte jedem Kind eines in die Hand. Dann bat ich den Vater, seinen Wollfaden in der Mitte zu teilen und jedem Kind einen Teil zu geben. Als Zeichen seiner Liebe sollten sie dieses Stück Schnur in ihrem goldenen Säckchen aufbewahren. Selbst Alice nahm das Säckchen an und steckte es zufrieden ein. Das selbe Prozedere sollte auch die Mutter mit beiden Töchtern machen. Zuletzt wurde das Geschwisterband verpackt und mit diesem schönen Bild sollte die Familie nach Hause gehen. Alle vier sollten sich stets daran erinnern, was sie verband – egal, wie schwer es auch war. Sie sollten ein Team sein – egal, ob die Eltern stritten oder sich versöhnten. Sie sollten ein Team bleiben, das zusammenhält.

Die Eltern waren heute erstmals ruhig und gespannt. Sie lauschten meinen Worten, waren einsichtig und erkannten endlich, in welch missliche Lage die Kinder durch die Trennung und ihr Verhalten geraten waren. Ich war zufrieden: „Jetzt kann ich Sie gut und gerne für heute entlassen. Sie können heimgehen und über das Geschehene nachdenken. Ich hoffe für Sie und Ihre Kinder, dass Sie aus dem heutigen Tag für die Zukunft gelernt haben. Auch wenn Sie getrennt sind und neue Familien haben, so müssen Sie sich gewissen Herausforderungen noch immer gemeinsam stellen – nämlich dann, wenn es um Ihre gemeinsamen Kinder geht." Zuletzt konnte ich mir eine Frage nicht verkneifen: „Es war doch gut, dass Sie hiergeblieben sind, oder?" – „Ja, danke, Frau Novak", erwiderten beide Elternteile.

Albert Schweitzer[3]

»Das schönste Denkmal, was ein Mensch bekommen kann, steht in den Herzen der Mitmenschen.«

TOD EINES ELTERNTEILS ODER NAHEN VERWANDTEN

3.1 Trauer kennt viele Seiten

Milena und Karina, zwei hübsche Schwestern im Alter von zehn und zwölf Jahren, stehen im Mittelpunkt meiner nächsten Geschichte. Die Mutter der beiden Mädchen hatte sich im Vorfeld bei mir gemeldet, um mir den Sachverhalt ihres Anliegens näherzubringen: Sie und ihr Mann hatten sich schon vor einiger Zeit scheiden lassen und alle rechtlichen Dinge waren längst geklärt, auch das Besuchsrecht des Vaters war ohne gröberen Konflikt vereinbart worden. Ich hörte der Mutter weiterhin gespannt zu und war neugierig, was denn noch kommen würde, da zu diesem Zeitpunkt alles in Ordnung zu sein schien. Sie kam jedoch schnell auf den springenden Punkt: Jedes Mal, wenn das Wochenende anstand, an dem die Töchter wie vereinbart zum Vater gehen sollten, fingen diese im Vorfeld einen Streit am Telefon mit ation und erkannte wieder einmal, welch hohen Stellenwert ein Haustier in der Familie hat. Es wird zu einem vollständigen Familienmitglied, von dem man sich nur schwer trennen kann. Aus der Verabschiedung von den Hunden wurde zugleich auch eine Versöhnung mit dem Vater – was ja auch das eigentliche Ziel gewesen war. Mein nächster Vorschlag war, ein erneutes Treffen in meiner Praxis zu vereinbaren, bei welchem die Töchter all ihre Gefühle, den Frust und der Wut freien Lauf lassen konnten. Die Familie zögerte zuerst ein wenig, ging aber dann doch darauf ein. Den Vater bereitete ich dahingehend vor, sich alles in Ruhe anzuhören, den Vorwürfen Platz zu lassen und nicht in die Rechtfertigung zu gehen, was auch immer passierte.

An diesem besagten Tag blieb kein Wort ungesagt. Es fielen Vorwürfe, die sich viele Eltern nach einer Scheidung anhören müssen, wo aufgestaute Wut und Enttäuschung Platz und Raum brauchen, um verarbeitet werden zu können. Karina, die größere von beiden Schwestern, packte aus: „Du bist ein richtiger Arsch! Du hast uns verlassen und die Hunde einfach mitgenommen!" Sie schrie, tobte und weinte. Der Vater war wie erschlagen, hielt sich aber tapfer an unsere Abmachung. Als endlich alle Emotionen draußen waren, versuchte ich, das Mädchen zu beruhigen. Danach wandte ich mich dem Vater zu, um diesem zu vermitteln, was ihm seine Tochter mit diesen starken Emotionen eigentlich sagen wollte: „Du hast uns einfach verlassen!" Er war zutiefst berührt und einsichtig, verstand erst jetzt so richtig, wie seine Kinder diese Situation erlebt hatten. So sagte er, ganz eindeutig von Herzen kommend: „Es tut mir leid!" Wir ließen diese Worte so im Raum stehen.

Die jüngere Milena war in ihrer Formulierung etwas sanfter, doch von der Emotion ihrer Schwester so merklich berührt, dass auch sie zu weinen begann. Ich bat den Vater, sich seiner zweiten Tochter zuzuwenden und er entschuldigte sich erneut mit den Worten: „Es tut mir leid!" Er war nun selbst den Tränen nahe und ich versuchte ihm zu erklären, dass es wichtig wäre, die Situation mit den Mädchen alleine zu reflektieren und danach einen gemeinsam weiteren Termin in meiner Praxis zu vereinbaren. Er willigte ein. Karina und Milena waren nach dieser Sitzung sichtlich erleichtert, aber auch ziemlich ausgelaugt und leer, was nach einer starken emotionalen Aussprache ganz normal ist. Als auch sie nach Hause gingen, waren sie aber schon wieder sichtlich guter Dinge und freuten sich auf das nächste Beratungsgespräch.

Zwei Wochen später, in der nächsten gemeinsamen Sitzung, holte ich das Familienbrett und stellte mit ihnen gemeinsam ihre Familiengeschichte auf. Bei dieser Methode wird durch das Aufstellen verschiedener Figuren die derzeitige Lebenssituation aufgezeigt, diese von allen Seiten neu betrachtet und wenn nötig von den Teilnehmern neu gestaltet. So findet Veränderung in der Situation der Beteiligten statt, vom „Hier und Jetzt" kann in die Zukunft übergegangen werden. Unter anderem werden folgende Fragestellungen thematisiert: „Welche Bindung und welches Verhältnis strebe ich gegenüber dem anderen an?", „In welchem Nähe- und Distanzverhältnis möchte ich stehen und an welchem Platz in seinem Leben fühle ich mich wohl?" Alle drei Beteiligten konnten ihre Wünsche und Bedürfnisse gut äußern, mit Legematerialien symbolisch darstellen und es wurde allen bewusst, wie wichtig sie einander waren. Bei unseren weidie auch versprachen, dass ich gut auf das Wohl ihres Enkels achten würde.

Als der Zwölfjährige das erste Mal zu mir kam, äußerte er sofort den Wunsch, zum Ort des Geschehens zu fahren. Da solche Besuche wichtiger Bestandteil in der Verarbeitung und der Trauerbegleitung sind, willigte ich ein. Die Familie lebte in einer kleinen Ortschaft am Land, wo die Züge nur einmal am Tag hielten. Es war ein kalter Wintertag und die Felder und Wege waren von Schnee bedeckt. Teilweise war die Straße glatt und ich hatte Mühe, mit dem Auto über einen kleinen Hügel in der Nähe des besagten Ortes zu kommen. Wir querten die Gleise und parkten den Wagen in kurzer Entfernung zum Ort des Geschehens. Um an die genaue Stelle gelangen zu können, mussten wir das letzte Stück zu Fuß gehen.

In den langen Einzelgesprächen in den Wochen zuvor hatte sich der Beweggrund für diesen tiefen Wunsch, an die Stelle zu fahren, wo seine Mutter den Freitod gewählt hatte, immer mehr herausgestellt. Es waren seine große Wut und Enttäuschung, die in ihm immer größer wurden und sich langsam aufgestaut hatten. Gerade solche tiefen Kränkungen müssen in einer Trauerarbeit unbedingt aufgearbeitet und überwunden werden, da sie sich sonst irgendwann gegen einen selbst oder gegen andere richten können. Als Zeichen seiner Wut und Verzweiflung hatten wir einen Stein mitgenommen, welchen wir am Ort des Geschehens ablegen wollten. Auf diesem stand folgender Satz: „Jetzt hat der Alptraum begonnen." Mit diesem Satz kam zum Ausdruck, dass er sich von seiner Mutter im Stich gelassen fühlte. Er wollte ihr mit dieser Botschaft das schlechte Gefühl zurückgeben, das er seit jenem Tage in sich trug. Die Frage, warum sie ihre Familie im Stich gelassen hat, beschäftigte ihn zutiefst. Die Last, die er durch den Freitod seiner Mutter erlitten hatte, wollte er mit diesem Stein von sich legen und zurückgeben, um weiterleben zu können und die Trauer und Wut endlich hinter sich zu lassen. Wir verweilten noch einige Zeit an jener Stelle, die sein Leben komplett verändert hatte und dachten in aller Stille an die Mutter – bis er zur Ruhe gekommen war und nach Hause wollte.

Der Junge empfand durch den Tod seiner Mutter und die Abwesenheit seines Vaters selbstverständlich eine tiefe Entwurzelung. Seine Großeltern versorgten ihn zwar gut, konnten aber Mutter und Vater nicht ersetzen. Diese Wut und Enttäuschung auszudrücken, gehört zu jeder Trauerbewältigung dazu. Es ist wichtig, diese Gefühle zu zeigen und sie nicht zu unterdrücken.

Es vergingen zwei Jahre, in denen Samuel noch regelmäßig bei mir in Behandlung war, als die Sehnsucht nach seinem Vater immer stärker wurde. Er schwankte jedoch in seiner endgültigen Entscheidung, da er nicht sicher war, ob ein Treffen mit ihm sein Leben zum Positiven oder doch zum Belastenden verändern würde. Obwohl wir bereits die Kontaktdaten des Vaters im Internet gefunden hatten, war er doch noch nicht bereit, diesen Schritt endgültig zu wagen. Die Angst, enttäuscht oder gar zurückgestoßen zu werden, war enorm groß.

Weitere zwei Jahre vergingen und Samuel war mittlerweile 16 Jahre alt geworden. Nun war ihm endgültig klar, dass ich den Kontakt zu seinem Vater aufnehmen sollte – er wollte ihn jetzt um jeden Preis kennenlernen. Ich machte ihn drauf aufmerksam, dass seine Großeltern die Obsorge über ihn hatten und ich diesen über unser Vorhaben Bescheid geben musste. Anfänglich war die Großmutter natürlich nicht damit einverstanden, doch wir überzeugten sie und so gab sie letztendlich nach. Sie hoffte sicher insgeheim, dass es bei einer einmaligen Begegnung ohne weiteren Kontakt bleiben würde, da die Beziehung und die Trennung ihrer verstorbenen Tochter und des Ex-Mannes damals recht dramatisch verlaufen waren.

Schon am nächsten Tag kontaktierte ich den leiblichen Vater per Internet, stellte mich ihm kurz vor und teilte ihm das Anliegen seines Sohnes mit. Es verging eine Woche ohne jede Rückmeldung. So schrieb ich ihn ein weiteres Mal an – mit der Bitte um einen Anruf oder eine schriftliche Rückmeldung mit der Information, wie er denn zu erreichen sei. Nach diesem zweiten Aufruf kontaktierte er mich endlich. Er rief an und stellte mir eine verzweifelte Frage: „Bitte helfen Sie mir, Frau Novak! Wie soll ich meinem 16-jährigen Sohn zum ersten Mal gegenübertreten?“ Ich lud ihn in meine Praxis ein und erklärte ihm, dass hier ein Treffen in geschütztem Rahmen möglich sein würde. Zögerlich und unsicher ließ er sich darauf ein und wir vereinbarten einen Termin.

Je näher der Tag des Kennenlernens rückte, desto größer wurde die Nervosität des Jungen: „Uschi, was soll ich zu meinem Papa sagen, wenn ich ihm zum ersten Mal gegenüberstehe? Ich bin etwas aufgeregt." Ich sagte zu ihm: „Vertraue auf dein Bauchgefühl! Du wirst bei der Begegnung vollkommen richtig handeln."

Der Tag der Wahrheit war gekommen. Ich lud Samuel schon eine halbe Stunde vor dem Termin zu mir ein, um ihn seelisch vorzubereiten. Pünktlich läutete der Vater an der Tür. In diesem Moment wollte sich der Junge am liebsten verstecken, was in seiner Lage verständlich war. Ich erinnerte ihn nochmal an das Setting, das wir zuvor besprochen hatten: Er wollte seinem Vater gegenübersitzen und alle Eindrücke tief in sich aufnehmen, um sich ein Bild von ihm zu machen. Als der Vater die Praxis betrat, blieb Samuel wie versteinert stehen und die beiden Männer fixierten sich gegenseitig. Auch ich hielt für einen Moment inne und stellte mir folgende Fragen: „Wie werden sich die zwei jetzt begegnen? Werden sie aufeinander zugehen? Wie wird sich diese Beziehung entwickeln? Werden die beiden in dem Leben des anderen verbleiben? Hat das alles Nachhaltigkeit?" Plötzlich machte der Vater einen Schritt auf seinen Sohn zu und Samuel tat es ihm gleich. Beide streckten ihre Arme aus und umarmten sich innig. Immer wieder versuchten sie, sich voneinander zu entfernen, um sich in die Augen zu schauen, fielen sich aber immer wieder in die Arme. Ich beobachtete die Situation von meinem Sessel aus und konnte die Sehnsucht förmlich spüren, die die beiden so lange in sich zurückgehalten hatten – die Sehnsucht, sich zu sehen, einander zu umarmen und nahe zu sein. Dieser Moment ließ auch mich nicht unberührt und eine Träne bahnte sich den Weg über meine Wange. Ich freute mich maßlos für den Jungen, der bereits so viel in seinem noch so jungen Leben durchgemacht hatte. Er hatte es verdient, wieder einen Elternteil in seinem Leben zu haben!

Es gibt immer ein Licht am Ende des Tunnels: Bis heute blieb der Kontakt zwischen den beiden bestehen. Der heranwachsende Junge durfte in der wichtigsten Phase seines Lebens – in der Pubertät, der Zeit der Selbstentwicklung – trotz der gefühlten Ausweglosigkeit durch den Tod der Mutter seine familiären Wurzeln wieder spüren und elterlichen Halt zurückbekommen. Das war umso wichtiger für ihn, als er keine Beziehung mehr zu seinem Bruder und zu seinem ehemaligen Stiefvater hatte.

3.3 Von ganz unten nach oben

Ein Mädchen rief bei mir an, da seine kleine Schwester dringend seelische Unterstützung benötigte. Jennica, ein 17-jähriges Mädchen mit philippinischer Herkunft mütterlicherseits und einem österreichischen Vater, bat mich um Hilfe. Ihre Familie stand vor einem schweren Leidensweg, da der Vater an Bauchspeicheldrüsenkrebs erkrankt war und die Aussichten für ihn sehr schlecht standen. Die Schwestern hatten ein inniges Verhältnis zu ihrem Papa, und Abschied zu nehmen fiel den Kindern und ebenso dem Vater extrem schwer. Sie hatten keine Ahnung, wie sie mit diesem Schmerz und der Trauer zurechtkommen sollten.

Als das kleinere Mädchen das erste Mal zu mir kam, weinte es bitterlich. Das Leben der Kleinen lag in Trümmern und sie konnte nicht verstehen, warum ihr das Leben ihren herzlichen und guten Papa nehmen wollte. Sie war voller Schmerz, Enttäuschung und Wut. Ich ließ sie einfach reden, um ihren Gefühlen und dem großen Frust Platz zu geben. Zudem gab ich ihr das Gefühl, für sie da zu sein, sie in dieser schweren Zeit zu unterstützen, zu trösten und einen gemeinsamen Weg für nach der Beratung aufzubauen. Schon einige Tage später erlag der Vater seiner schweren Krankheit. Damit sich die beiden Mädchen ein wenig gestärkt und gestützt fühlten, bereitete ich sie seelisch so gut wie möglich auf das Begräbnis vor.

Als die ersten schweren Tage nach der Beerdigung vorüber waren, kam sie erneut zu mir in die Praxis. Ich machte mit ihr eine klassische Trauerbegleitung, die in verschiedene Abschnitte eingeteilt ist, um das Erlebte langsam zu verarbeiten: In ganz persönlichen Ritualen wird vom Verstorbenen Abschied genommen. Wut, Hilflosigkeit und die Frage nach dem Warum finden hier Platz. Jeder Mensch hat seine eigene Zeitspanne, Trauer zu verarbeiten. Um nicht in einer der verschiedenen Phasen des Schmerzes hängenzubleiben, ist es wichtig, den Klienten von einem Abschnitt in den anderen zu führen.

Als sich das Mädchen durch all diese Phasen gut durchentwickelt hatte, kam jedoch die nächste Hiobsbotschaft von seiner Mutter: Diese fühlte sich seit dem Tod ihres Mannes in Österreich deplatziert und wollte somit auf die Philippinen zurückkehren. Für die Kinder brach natürlich eine weitere Welt zusammen, da dieser Umstand eine zusätzliche Entwurzelung für sie darstellen würde. Noch dazu stand die

Familie vor dem finanziellen Ruin, da der Vater immer für die Einkünfte gesorgt und außerdem Schulden hinterlassen hatte. So standen sie vor der Wahl, das Land zu verlassen oder in eine kleinere Wohnung zu ziehen. Die Kinder konnten sich mit ihrem Protest durchsetzen und so blieben sie im Lande und übersiedelten in eine günstigere Wohnung. Zum damaligen Zeitpunkt wusste Jennica noch nicht, ob sie durch den Umzug ihre beiden geliebten Katzen weggeben würde müssen. Auch in der Schule ging es durch die zerrütteten Verhältnisse nur noch bergab, woraufhin mich das Mädchen bat, mit den Lehrern Kontakt aufzunehmen, um ihnen seine Lage zu erklären. Die Mutter hatte in dieser Zeit selbst nicht genug Kraft, um stützend für ihre Kinder da zu sein, also half ich, so gut es ging.

Die Lehrer waren für das Feedback überaus dankbar und somit konnte auch in der Schule ein unterstützendes Verständnis für die Situation der Kleinen aufgebaut werden. Was zu Beginn der Beratung als Trauerbegleitung begonnen hatte, wurde schnell zu einer Gesamtstütze in ihrem Leben. Gemeinsam sorgten wir für regelmäßigen Nachhilfeunterricht. Nach langen Gesprächen mit dem Vermieter schafften wir es auch, dass sie ihre Katzen behalten durften. Ihr inneres Chaos – wie sie es selbst immer beschrieb – bekam wieder positive Aspekte und Ordnung.

Der einzige Punkt, der ihr noch immer schwer zu schaffen machte, waren die schlaflosen Nächte, in denen sie das Bild ihres Vaters im Hospiz immer wieder vor Augen hatte. Um dieses quälende Bild aus dem Kopf zu bekommen, schlug ich vor, dieses durch ein positives zu ersetzen und eine Gedenkbox für ihren Vater einzurichten. Ich bat sie, zu unserem nächsten Termin alle schönen Erinnerungsfotos vom Vater mitzubringen, um auch schon beim Heraussuchen dieser ihre positiven Erinnerungen zu fördern.

Als sie dann bei mir war, bastelten wir eine schöne, bunte Schatzkiste, in der all diese positiven Erinnerungen Platz hatten und geehrt wurden. Zudem fuhren wir zu ihr nach Hause und errichteten eine Gedenkstätte, um ihrem Vater wieder einen positiven Platz in ihrem Herzen geben zu können.

Sie kann heute gut mit ihrer Trauer und den Erinnerungen umgehen und hat zu Hause diesen Platz, an dem sie ihrem Vater, wann immer sie es möchte, nahe sein kann. Ihr Eintrag in meinem Klientenbuch, durch den sie ihre Dankbarkeit mir gegenüber schilderte, machte mich zufrieden und glücklich. Ich bin sehr froh darüber, dass dieses Mädchen nach einem so schweren Schicksalsschlag wieder Positives in seinem Leben sehen kann.

3.4 Himmel und Erde

Als Thomas, ein Junge von elf Jahren, das erste Mal zu mir kam, weinte er schrecklich. Ich versuchte, ihn zu beruhigen und ihm tröstende Worte zu schenken, damit er etwas gefasster von seinem Kummer erzählen konnte. Sein Vater war vor Kurzem aus ungeklärter Ursache gestorben, weshalb sich seine Mutter über Rainbows an mich gewandt hatte, um helfende Unterstützung für ihr Kind zu bekommen. Sie war selbst in einem schlechten psychischen Zustand und konnte ihrem Sohn nicht genug emotionalen Halt geben, um über seinen Verlust hinwegzukommen. Es war bis zu diesem Zeitpunkt nicht klar, ob der Tod des Mannes ein Unfall oder ein Suizid gewesen war. Die Familie gab zum Schutze des Kindes einen Unfall als Grund für den Tod des Vaters an. Der Junge sollte von den Zweifeln der Familie über den Hergang des Ablebens nichts erfahren, um nicht noch tiefer getroffen zu werden.

Man sollte ein Kind jedoch niemals unterschätzen! Kinder sind nicht dumm und nehmen ihre Umgebung ganz genau wahr. Sie reimen sich aus den Ereignissen ihre Geschichte zusammen, die meist nicht weit von der Wahrheit entfernt liegt.

Um Thomas ein wenig aus seiner Trauer herauszuholen, bat ich ihn, mir positive und schöne Erlebnisse mit seinem Vater zu erzählen. Ich nahm währenddessen einen alten Schuhkarton und wir begannen, daraus eine Schatztruhe zu basteln. Mit viel Liebe zum Detail und Kreativität zauberten wir eine ganz besondere Truhe, welche die gemeinsamen Erinnerungen wie einen Schatz hüten sollte. Viele Andenken oder persönliche Dinge des Vaters sollten darin Platz finden. Ich bat den Buben also, besondere Dinge seines Vaters zu seinem nächsten Besuch mitzubringen.

Als unsere zweite Sitzung gekommen war, brachte er verschiedenste Erinnerungen mit, welche wir in Würde und behutsam in die Schatztruhe legten. Es wurde daraus eine kleine Zeremonie, welche großen symbolischen Wert in der

Trauerbegleitung hat. Zum Öffnen und Schließen der Box planten wir ein Ritual ein von Thomas ausgesuchter Satz, welcher jedes Mal gesprochen werden sollte: „Papa, ich vermisse dich sehr!“ Zudem vereinbarten wir, dass kein anderer Zutritt zu seinem Schatz haben sollte und wenn, dann nur in seinem Beisein und mit seiner Erlaubnis. Wie besprochen deponierte er die Box zu Hause in seinem Schrank, in dem ein kleines Geheimfach für Persönliches vorhanden war.

In unserer nächsten Sitzung plauderten wir anfangs über belanglose Themen. Mit seiner Trauer hatte er mit Hilfe der Schatztruhe ein wenig besser umzugehen gelernt. Er wusste, dass seine Erinnerungen von nun an gut geschützt waren und ihn somit nie verlassen würden. Dieser Gedanke strahlte eine angenehme Wirkung auf ihn aus. Für trauernde Menschen ist es eine beruhigende Tatsache, wenn ein Teil des geliebten und verlorenen Angehörigen für immer bleibt. Die Erinnerung und die Verbindung im Herzen geht weiter – über den Tod hinaus. Das ist es, was Trost und Hoffnung schenkt. Während wir uns weiter unterhielten, fing es draußen zu regnen an. Ein Gewitter zog auf! Der Junge sah zum Fenster hinaus und meinte: „Papa hat gesagt: ‚Immer, wenn es regnet, spielen da oben alle gerade Bowling.‘“ In diesem Augenblick kam mir eine gute Idee. Ich ließ den Buben ein Bild malen, auf dem Erde und Himmel durch eine Leiter verbunden waren. Auf dieser konnten Engel kommen und gehen, um Botschaften an die Menschen zu überbringen. Weil Thomas innerhalb von vier Jahren drei Großelternteile, ein Haustier und seinen Vater verloren hatte, malten wir für jeden der Verstorbenen eine Wolke. Die Wolke des Vaters war klar erkennbar die größte und schönste am Himmel.

Nachdem das Bild fertig war und in den buntesten Farben erstrahlte, fragte ich ihn: „Wenn dein Papa jetzt hier wäre, was würdest du ihm gerne sagen?“ Sofort antwortete er: „Pass gut auf mich auf!“

Der Junge zeichnete einen kleinen Engel, der die Leiter hochstieg und dem Vater eine wichtige Botschaft überbrachte. „Noch etwas muss ich Papa sagen: Bitte spiel nicht zu viel Bowling, sonst gibt es so viele Gewitter.“ Ich fragte: „Und was sagt Papa dazu?“ Und Thomas antwortete mir: „Er meint, er würde mit dem lieben Gott reden, dass er keine Bowling-Party macht, damit es auf der Erde nicht donnert.“ Für den Jungen war es essentiell, zu erkennen, dass Himmel und Erde getrennt sind, damit ganz klar feststeht, dass er mit seiner restlichen Familie und seinen Freunden unten auf der Erde war und die Verstorbenen im Himmel. Es gibt eine Verbindung, um Botschaften zu verschicken und die Verstorbenen sehen auf uns herab, es ist aber ein klarer Unterschied zwischen beidem vorhanden.

Thomas machte gute Fortschritte und so konnten wir uns in der nächsten Sitzung ans Krisenklavier setzen. Das ist ein Bild von einer klassischen Klaviertastatur, auf dem jede Taste eine besondere Bedeutung bekommt. Dieses Hilfsmittel dient dem Kind als Ressource, wenn das Begleitungssetting der Trauer zu Ende oder gerade keine helfende Hand in der Nähe ist. Es geht dabei also darum, in schlechten Zeiten auf Dinge zurückgreifen zu können – zum Beispiel auf Tätigkeiten, die ein Kind gerne macht, auf Freunde, die es glücklich machen oder auf andere Menschen, mit denen es gerne redet. Sich positive Sachen ins Gedächtnis zu rufen und in den Alltag zu integrieren, ist für Kinder extrem wichtig. Ein Kind sollte unbedingt wissen, mit wem es außerhalb der Begleitung über seine Gefühle reden kann. Und diese Methode dient dazu, wichtige Bestandteile und bedeutende Dinge im Leben des Kindes positiv zu verankern. Die Varianten unterscheiden sich von Kind zu Kind. Man muss darauf achten, welche Methode passend ist und diese eventuell auch abwandeln und individuell anpassen. Nur so kann man eine konstante Verbesserung garantieren – auch wenn man selbst nicht mehr im Leben des Kindes vorhanden ist.

Thomas ging es glücklicherweise schon bald ein wenig besser und er konnte sich wieder am Leben erfreuen, sich auf seine Freundschaften konzentrieren und positiv in seine Zukunft blicken.

3.5 Der Tod kommt oftmals nicht allein

Die nächste Geschichte, die ich Ihnen erzählen möchte, gehört zu den unfassbarsten meiner Laufbahn. Sie ist immens berührend. Zeitweise werden Ihnen beim Lesen vielleicht die Worte fehlen und womöglich stellt sich auch ein betroffenes Kopfschütteln ein. Gerade bei solchen Geschichten ist man dankbar für das, was man hat, schätzt die kleinen und großen Dinge, umarmt seine Liebsten und genießt den augenblicklichen Moment. Es ist für mich immer wieder erstaunlich, welches Durchhaltevermögen und welche Willensstärke und Kraft Menschen besitzen können, dass sie trotz schwerster Verluste weitermachen, das Schöne in ihrem Leben noch einen Platz findet und sie unermüdlich an das Gute glauben. Ich ziehe wirklich meinen Hut vor der Familie der folgenden Geschichte: davor, wie sie ihren Weg gefunden hat, den Tod als Begleiter anzunehmen, sich die Verbundenheit zu den Liebsten nicht nehmen zu lassen und sich mit erhobenem Haupt den weiterführenden Problemen zu stellen.

Es war ein trüber Herbsttag, als Rainbows sich bei mir meldete, um den Kontakt zu einer Mutter und ihrer zwölfjährigen Tochter herzustellen. Mein Tag war bis dahin ruhig und angenehm verlaufen – alles hatte seinen gewohnten Lauf genommen und so verabschiedete ich um 19:00 Uhr meinen letzten Klienten des besagten Tages. Da die Dringlichkeit des Problems der Familie überaus hoch war, bat ich um einen abendlichen Rückruf, welchen sie pünktlich tätigten. Die Mutter erzählte mir in einer kurzen Zusammenfassung das Leid der Familie, welches mir den Atem stocken ließ. Da die Familie am Land lebte und nicht mobil war, bat sie mich um einen zeitnahen Hausbesuch. Natürlich ist das in Ausnahmefällen möglich und so machte ich mich bereits am darauffolgenden Nachmittag auf den Weg. Ich wusste schon, dass eine große Herausforderung auf mich zukommen würde, blieb aber trotzdem ruhig und sachlich eingestellt. Trotz meines Navis im Auto hatte ich das Gefühl, dass ich nie in dem kleinen Ort ankommen würde, bis ich endlich die Ortstafel vor mir sah. Meine neuen Klienten lebten in einem einfach gehaltenen Haus am Rande des Dorfes. Als ich klingelte, öffnete mir die Mutter die Tür und ich wurde herzlich und mit viel Dankbarkeit in den Augen willkommen geheißen. Ein Teil der Familie hatte mich schon erwartet und so lernte ich die Tochter und den Vater ebenso kennen. Die

Frau begann sogleich, ihre Geschichte nochmal ausführlich zu erzählen, um mir ein genaueres Bild zu verschaffen. Sie hatten zwei Söhne und eine Tochter, welche gemeinsam mit ihnen in diesem Haushalt lebten. Der große Sohn war 21, der jüngere 18 und die Tochter zwölf Jahre alt. Der ältere der beiden, Matthias, litt an einer ernsten Psychose, welche ihm und der Familie schwer zu schaffen machte. Trotz ärztlicher Betreuung und gut eingestellter Medikamente war es vor einem Jahr dazu gekommen, dass er von einem Tag auf den anderen spurlos verschwunden gewesen war. Niemand hatte gewusst, wo er war, niemand hatte ihn im näheren Umkreis gesehen. Die Familie war in dieser Zeit durch die Hölle gegangen. Kurz darauf war er im zweiten Wiener Gemeindebezirk in der Wagenburg gesehen worden und die Eltern hatten somit zumindest gewusst, dass er am Leben war. Die Wagenburg ist ein Platz, an dem Obdachlosen als vorübergehende Unterkunft Wohnwägen zur Verfügung gestellt werden. Sozialbetreuer der Stadt Wien kümmern sich um den Ablauf und das seelische Wohl der Bewohner. Es besteht auch die Möglichkeit, sich in einem kleinen Garten zur Selbstversorgung Gemüse anzubauen. Generell bietet diese Institution eine gute Möglichkeit, um kurzfristig unterzukommen und nicht unter der Brücke schlafen zu müssen. Da Matthias bei seinem Verschwinden schon volljährig gewesen war, waren den Eltern und den Behörden leider die Hände gebunden gewesen und sie hatten die Tatsache, dass er vielleicht dort lebte, akzeptieren müssen. Aus diesem Grund hatte der Junge gegen seinen Willen nicht zu seiner Familie heimgebracht werden können. Dies war dann auch das letzte Lebenszeichen ihres Kindes gewesen, denn jetzt, ein Jahr nach seinem ersten Verschwinden, wurde ich in die

Familie gerufen, weil der Sohn gefunden worden war: Die Mutter erzählte unter Tränen weiter, dass plötzlich die Polizei vor ihrer Türe gestanden war, um ihr mitzuteilen, dass sie ihren Sohn tot im Wald aufgefunden hatten. Er dürfte dort erfroren sein und nur mit einer DNA-Analyse hatte seine Identität festgestellt werden können. Die Entfernung zwischen Fundort und seinem Wohnort war erheblich und niemand wusste, wie er überhaupt dort hingekommen war. Es war jedoch anzunehmen, dass er seine Medikamente nicht genommen hatte und so geistig verwirrt in der Gegend umhergeschweift und schließlich der Kälte wegen umgekommen war. Nach einer Obduktion war der Leichnam für das Begräbnis freigegeben worden und eine Woche später sollte dieses dann stattfinden.

Um in dieser schweren Zeit Unterstützung für die Familie und vor allem für die zwölfjährige Anita zu bekommen, hatte sich die Mutter an mich gewandt. Ich sollte mit der Trauerbegleitung beginnen und sie auf das bevorstehende Begräbnis vorbereiten. So kam ich langsam mit dem Mädchen ins Gespräch, um mir ein Bild von seiner Trauer machen zu können. Die Schwester des Verstorbenen war mir gegenüber von Beginn an offen und so schlug ich ihr vor, eine selbstgemalte Trauerschleife für das Begräbnis vorzubereiten. Wir saßen gemeinsam in der Küche und begannen, aus bunten Farben ein liebevoll gestaltetes Band zu basteln. Anita wollte ihren Worten nach die Situation so schnell wie möglich hinter sich bringen und nach einem Jahr des Wartens und Bangens endlich mit dieser Sache abschließen – ein Wunsch, der nachvollziehbar war, da die Familie seit dem Verschwinden des Bruders im Ausnahmezustand gelebt hatte. Bis zu diesem Zeitpunkt hatte ich den jüngeren der Brüder noch nicht zu Gesicht bekommen und fragte deshalb nach, ob dieser zu Hause sei. Mit seinen 18 Jahren war er schon zu alt für das Rainbows-Programm, trotzdem wollte ich mir ein Bild von seinem Wohlbefinden machen. Die Mutter meinte, dass er in seinem Zimmer sei und dass er seit dem Tag der Todesnachricht gänzlich zurückgezogen war, wir jedoch gerne zu ihm gehen könnten.

Das Haus war zweistöckig und die Zimmer der beiden Söhne waren im Obergeschoß untergebracht, wohingegen das Zimmer der Tochter im Untergeschoss bei den Eltern war. Wir gingen nach oben, um den Buben in unsere Runde zu holen. Am Weg zu seinem Zimmer gingen wir an jenem des verstorbenen Bruders vorbei, in welchem noch alles so wie am Tag seines Verschwindens war: Eine halbleere Mineralwasserflasche stand auf dem Tisch – als hätte er gerade erst das Haus verlassen. Auch das Bett, auf welchem Engelskarten ausgebreitet lagen, war unberührt. Die Karten hatte die Mutter jeden Tag neu aufgelegt, in der Hoffnung, so mit ihrem Sohn verbunden zu sein und ihn auf diese Art und Weise wieder nach Hause holen zu können. Auch wenn es im ersten Moment komisch klang, doch die Engelskarten hatte ihr in dieser schweren Zeit Hoffnung gegeben, dass er eines Tages wieder in der Türe stehen würde. Sehr gefasst erzählte sie mir mehr von ihrem Sohn und ich bestätigte sie darin, ihr Engelsritual beizubehalten, da es ihr einen unglaublichen Halt gab.

Ich bekam Gänsehaut und ein bedrückendes Gefühl stieg in mir auf – ich musste an meine beiden Söhne denken, die ungefähr im selben Alter waren. Es kann für eine Mutter nichts Schlimmeres passieren, als ein Kind zu verlieren – noch dazu auf so furchtbare Art und Weise.

Nach einem kurzen „Hallo“ kam der jüngere Sohn Gregor, setzte sich zu uns an den Tisch und malte ebenfalls eine Schleife für seinen Bruder. Er erzählte, dass er gerade in der Maturavorbereitungsphase sei und dadurch im Stress und den ganzen Tag mit Lernen beschäftigt war. Keineswegs schüchtern erklärte er mir ebenso, dass er mit seinem Aussehen unzufrieden war und deshalb ein OP-Termin für seine Nase anstand. Als ich ihn nach seinem Bruder fragte, wirkte er traurig, aber gefasst, und sagte: „Wie es bei Brüdern so üblich ist, stritten wir gelegentlich, aber das war nichts Schlimmes.“
Im gleichen Atemzug meinte er noch, dass es seinem Bruder jetzt besserginge und er sicher in einer einfacheren Welt wäre. Ich hielt insgeheim wieder den Atem an und musste bei dieser Aussage kurz schlucken. Es wunderte mich, mit welcher Vernunft die Familie an die Sache heranging. Die lange Zeit des Wartens hatte sie abgehärtet und auf Distanz gebracht, trotzdem war es enorm wichtig, die Trauer gut zu verarbeiten und zuzulassen. Wut und Aggression gehören hier ebenso dazu wie Tränen und Schmerz – Emotionen, die unbedingt Platz in der Verarbeitung finden müssen, da sie sonst gegen einen selbst oder gegen andere gerichtet werden können.

Der Vater der Kinder war Busfahrer und daher viel unterwegs. Auch ihm sah man die Trauer und das schwere zurückliegende Jahr an, ja, er wirkte sogar etwas weniger ge-

fasst als der Rest der Familie. Das Wissen um den Tod des ältesten Sohnes brachte – so hart es auch klingen mag – eine Erleichterung, da die Ungewissheit nun endlich vorbei war. Der Mann erzählte, dass er selbst immer wieder an Depressionen leiden würde und eine erbliche Vorbelastung durch seinen Vater vorhanden war. Das war eine Information, die nicht unerheblich war, da diese Krankheit vererbbar ist.
Um die Trauerarbeit mit Anita so schnell wie möglich fortzusetzten, vereinbarten wir einen neuen Termin für nach dem Begräbnis. Ich arbeitete wie schon in vorangegangenen Fällen mit der Erinnerungskiste, in der spezielle Erlebnisse und Erinnerungen Raum finden können. Diese Methode kommt bei den Trauernden immer gut an, da Platz für beides da ist: Trauer und Freude. Beide Gefühle sollten weder verdrängt noch übergangen werden – es sollte Raum für beide geben, um auf diese Weise eine Trauerphase nach der anderen gezielt durchgehen zu können. Es ist wichtig, dem Trauernden und dem Erlebten Zeit zu geben, sich in die richtige Richtung zu entwickeln, um nicht in einer Trauerphase zu verbleiben oder daran zu zerbrechen. Leider konnte ich die Rainbows-Begleitung wegen des Alters wie gesagt nur mit der Tochter durchführen, obwohl die komplette Familie Bedarf gehabt hätte.

Vier Wochen vergingen und das Mädchen hatte Fortschritte gemacht. Ich saß gerade beim Finanzamt, als mich die Mutter voller Entsetzen anrief und schluchzte: „Mein jüngerer Sohn Gregor ist verstorben!“ Ich konnte es nicht glauben und musste mich nach diesen Schock erst einmal niedersetzen und durchatmen. Voller Entsetzen fragte ich sie, was passiert war. „Er hat uns einen Abschiedsbrief hinterlassen", erwiderte sie in Tränen aufgelöst. Der Brief hatte in seinem Zimmer auf dem Bett gelegen. Mir fehlten die Worte. Was konnte man in so einer Situation noch Tröstendes sagen? Nichts. Ein Kind zu verlieren ist schon die Hölle, doch dann noch ein zweites dazu! Das traf auch mich mitten ins Herz. Die Mutter erzählte weiter, dass sie gerade mit ihrem Mann beim Frühstück gesessen war, als sie plötzlich den Notarzthubschrauber in der Ferne gehört hatten. Sie hatten zum Fenster rausgeschaut und gesehen, wie dieser bei den Bahngleisen gelandet war. Ein ungutes Gefühl war in beiden aufgestiegen, woraufhin die Mutter sofort in die Garage gegangen war, um nachzusehen, ob das Fahrrad des Jungen da war. Es war weggewesen – er hatte das Haus einfach verlassen. Panik hatte sich breitgemacht und sie hatten begonnen, ihn zu suchen. Wenig später hatten sie einen Hubschrauber gesehen – erstarrt und wie gelähmt hatten sie zu Gott gebetet, dass ihrem Sohn nichts passiert sein möge. Ihre Gebete blieben leider ungehört und so mussten sie ihren zweiten toten Sohn identifizieren. Er hatte sich um 08:35 Uhr vor den Zug geworfen. Was für ein erneuter tiefer Schlag für die Familie!

Ich saß während ihrer Erzählung wie gelähmt noch immer im Finanzamt und lauschte ihrer Worte. Die Tränen standen mir in den Augen und die vorbeikommenden Leute sahen mich von der Seite an. Vielleicht dachten sie, die Steuer hätte mich zum Weinen gebracht, was sicher auch nicht ungewöhnlich gewesen wäre. Doch Geld kann nie so wichtig sein wie das Leben eines Menschen ... Als ich an diesem Tag nach Hause kam, drückte ich meinen Mann und meine Kinder ganz fest ...

Für das Mädchen hieß es, erneut Abschied nehmen zu müssen und eine neue Kranzschleife zu malen. Das ganze Abschiedsprozedere begann wieder von Neuem. Als ich die Familie ein weiteres Mal zu Hause betreute, ging die Mutter mit mir in das Zimmer des verstorbenen Gregor – Ein düsteres, dunkles, schwarz-lila angemaltes Zimmer, welches voller anspruchsvoller Literatur war. Hier standen Bücher von Nietzsche, Schopenhauer und anderen Philosophen – und auf dem Bett waren wieder die Engelskarten der Mutter aufgelegt. Der Junge war außergewöhnlich intelligent für sein Alter und an unterschiedlichsten Dingen interessiert gewesen – ein außergewöhnlicher Jugendlicher, der seinem selbstauferlegten Druck nicht standhalten konnte und daran zerbrochen war. Die Mutter war sichtlich geschockt und doch stark und gefasst. Sie ließ mich den Abschiedsbrief ihres Sohnes lesen. Für ihn hatte sein Leben keinen Sinn mehr gemacht. Die Unzufriedenheit mit sich selbst, der auferlegte Druck nach Perfektion und der Verlust des Bruders hatten ihn zu diesem fürchterlichen Entschluss geführt. „Er ist jetzt bei seinem Bruder und da geht es ihm sicher besser“, war der Schlusssatz der Mutter.

Ich beschloss nach diesem Termin, in Supervision zu gehen, um das Erlebte selbst zu verarbeiten. Solch ein Fall ging auch mir an die Nieren – ich dachte dabei auch immer wieder an meine Kinder. Wie würde es mir in so einer Situation gehen? Vor allem beschäftigte mich die Überlegung, wie ich dieser Familie noch helfen konnte, was ich noch geben konnte und wie ich sie unterstützen sollte. Ich stellte mir die Frage, ob der Fall meine Fähigkeiten übersteigen würde und es vielleicht besser wäre, ihn an eine höhere Instanz abzugeben? Eine Supervision ist übrigens ein Treffen unter Beratenden, bei dem diese sich über Fälle oder Erlebnisse austauschen und um Unterstützung bitten können. In meinem Fall ging ich zu meiner Supervisorin, die mich von Anbeginn meiner Beratungstätigkeit unterstützt hatte.

Ich stellte die Situation der Familie unter ihrer Anleitung auf einem Familienbrett auf. Wie erlebte ich das Geschehene? Wie standen die Brüder nach ihrem Tod zueinander? Wo sah ich mich in dieser Aufstellung? Zu meiner positiven Überraschung standen die beiden Brüder ganz nah beieinander, sie waren glücklich vereint und zufrieden. „Im Himmel vereint", war mein erster Gedanke. Da fielen mir die Worte des jüngeren bei meinem ersten Besuch ein, dass es seinem Bruder jetzt viel besserginge.

Nachdem ich das Thema gut aufgearbeitet hatte und neu gestärkt war, ging ich zum nächsten Termin mit der Familie. Ich dachte viel darüber nach, was ich mit meiner gewonnenen Erkenntnis machen und ob ich diese der Mutter erzählen sollte.

Eine tiefe Vertrauensbasis hatte sich inzwischen aufgebaut und sie kommentierte meine Besuche immer mit den Worten: „Ja schau, die Sonne kommt wieder!" Jedes Mal drückte sie mir danach einen kleinen Blumenstock in die Hand und sagte: „Immer, wenn Sie zu uns kommen, geht die Sonne auf."

Es war eine außergewöhnliche Situation, die wieder einen speziellen Handlungsbedarf mit sich brachte. Meine beratenden Grenzen mussten neu ausgelotet werden, da hier die Vertrauensbasis und Menschlichkeit zu zeigen, noch wichtiger waren als sonst.

Die trauernde Mutter und ihre Tochter wollten beim nächsten Besuch wieder in das Zimmer des jüngst Verstorbenen gehen, um sich die Situation noch einmal anzuschauen. Ich überlegte lange, ob ich ihr von den aus der Supervision gewonnenen Erkenntnissen erzählen sollte. Als wir dann in Gregors Zimmer standen, entschloss ich mich, mit offenen Karten zu spielen. Authentisch und menschlich zu bleiben war mir extrem wichtig – wie auch immer der weitere Verlauf sein mochte. So erzählte ich den beiden, wie sehr mich ihre Geschichte berührte, dass ich selbst Mutter zweier Söhne im selben Alter war und den Schmerz somit annähernd nachvollziehen konnte. Ihr Schicksal war an mir nicht spurlos vorübergegangen und aus diesem Grund hatte ich mich dazu entschlossen, in einer Supervision über das Erlebte zu reden. Beide lauschten gespannt meinen Worten und Anita wagte sich während meiner Erzählung immer weiter in das bis jetzt von ihr gemiedene Zimmer ihres Bruders. Ich erzählte, wie groß meine Bewunderung und Hochachtung ihnen gegenüber war – darüber, wie sie es immer wieder schafften, neuen Mut zu finden, weiterzumachen, auch wenn es noch so schwer schien. Ich hoffte, meine Achtung in die richtigen Worte gekleidet zu haben, um meinen Respekt ehrlich zum Ausdruck zu bringen. Sehr lange hatte ich überlegt, die erworbene Info aus der Brettaufstellung mit ihnen zu teilen - aber in diesem Moment fand ich es angebracht, da die Vertrauensbasis und Offenheit überaus groß war. Ihr Leid hatte uns verbunden – sich ganz abzugrenzen war in diesem Fall nicht möglich und wäre auch unmenschlich gewesen. So erzählte ich ihnen, dass sich bei meiner Aufstellung ein ganz klares Bild aufgetan hatte, welches die beiden Jungen glücklich und vereint dargestellt hatte. Ich erläuterte meinen Eindruck, dass es ihnen an nichts fehlte und die Verbundenheit, an der es früher gemangelt hatte, klar zu spüren gewesen war. Ebenso äußerte ich meine Bedenken, ob ich für ihre Familie noch hilfreich sein konnte oder ob es besser wäre, an eine Psychologin oder einen Psychotherapeuten abzugeben.

Speziell die Mutter war überwältigt von meiner Offenheit und dem Bild, das ich ihr vermittelt hatte. Der Glaube daran, dass es ihren beiden Jungs gut ging, beruhigte und erleichterte sie ungemein. Es ist verständlich und nachvollziehbar, dass sich eine Mutter auch nach dem Tod ihrer Kinder noch Sorgen um sie macht. So war jeder einzelne Strohhalm, der ihr Hoffnung brachte, ein Geschenk, das sie dankend und mit Liebe annahm. Sie war so glücklich über dieses Bild, dass sie meinte, sofort ihre Engelskarten legen zu müssen, da sich das Blatt zum Guten gewendet hatte. Eine tiefe Erleichterung war in ihren Augen zu sehen, die mich glücklich und zufrieden machte. Sie bat mich inständig, ihre Beraterin zu bleiben, da ich viel in ihnen bewegte und somit genau die Richtige war. Wir umarmten uns daraufhin und waren beide froh, unsere Gefühle ehrlich und offen ausgesprochen zu haben. Das war für die weitere Entwicklung und Arbeit wichtig, da die Vertrauensbasis neu geschaffen worden war. Das Mädchen, das nach wie vor gespannt neben uns stand, trösteten wir mit einfühlenden Worten. Es war von großer Bedeutung, dass auch Anita dieses positive Bild in sich aufnehmen konnte. Dieses Bild konnte ihr die Trauer und den Schmerz nicht nehmen, aber alles ein wenig lindern, damit sie tapfer ihren Weg gehen konnte.

Ich dachte mir insgeheim: „Wenn der Herrgott es so will, dass ich die Familie weiter begleitete, dann soll es so sein und ich werde die Herausforderung gerne weiter annehmen!"

Ich arbeitete mit dem Mädchen bis zu seinem 14. Lebensjahr. Irgendwann hatte die Familie begonnen, die Zimmer der Söhne umzugestalten, um der Tochter im oberen Geschoss ein neues Zimmer einzurichten. Anita hatte anfangs Probleme damit, oben zu schlafen und wanderte in der Nacht wieder nach unten, doch das war in Ordnung, solange es ihr guttat. Nach einiger Zeit hatte sie auch diese Hürde überwunden und das Leben nahm weiter seinen Lauf. Meine Arbeit war somit beendet, denn der Familie ging es zusehends immer besser.

Vor einiger Zeit, genauer gesagt am 18. Geburtstag des Mädchens, rief mich die Mutter erneut an und meinte, dass sie wieder meine Hilfe bräuchten. Ich dachte mir: „Oje, was ist da passiert? Hoffentlich ist es nichts Schlimmes!" Die Geschichte durfte sich nicht noch einmal wiederholt haben und so hoffte ich auf ein „normales" Problem. Anita war jetzt im selben Alter, in dem sich ihr damaliger Bruder das Leben genommen hatte – so war jeder Grund zur Sorge berechtigt. Der junge Mann war letztendlich an seinen hohen Erwartungen an sich selbst und dem Hang zum Perfektionismus gescheitert. Der auferlegte Schulstress vor der Matura und

führten eine unruhige On-Off-Beziehung, was sich sichtlich negativ auf Anita auswirkte. Eine Zeit lang hatte es den Anschein gehabt, dass die Beziehung zu Ende war und kurze Erleichterung hatte sich bei der Mutter eingestellt. Von einem Tag auf den anderen war der Junge jedoch wieder in ihrem Leben gewesen – obwohl es schon recht unschöne Szenen zwischen den beiden gegeben hatte und auch Anitas Freundinnen ihr dringend von dem Jungen abrieten. Aber wo die Liebe hinfällt, kann man sich bekanntlich nicht aussuchen ... Da die beiden Jugendlichen nach Schul- und Lehrstellenabbruch keine Aufgabe hatten, verbrachten sie viel Zeit bei Anitas Eltern. Das beunruhigte ihre Mutter erneut, da sie weiterhin den schlechten Einfluss des Jungen auf ihre Tochter fürchtete.

Als der nächste Termin anstand, schlug ich dem Mädchen vor, gemeinsam nach einer passenden Lehrstelle zu suchen. Anita willigte ein und so überarbeiteten wir ihre Unterlagen, um diese an diverse Firmen zu verschicken. Es meldeten sich zwar einige Interessenten auf ihre Anfrage nach einer Lehrstelle als Bürokauffrau, doch bis dahin war die passende Stelle leider nicht dabei gewesen. Parallel dazu arbeiteten wir an der Beziehung zu ihrem Vater, der leider wieder an schweren Depressionen litt. An manchen Tagen irrte er wirr im Haus herum oder bekam Panikattacken. Beruhigend war jedoch, dass er einmal wöchentlich in psychologischer Behandlung war. Zu dieser Zeit war die Mutter der Familie erneut der Fels in der Brandung, denn sie war es, die alles trug und zusammenhielt. Sie hat auch heute noch meine größte Bewunderung. Nach all diesen schweren Schicksalsschlägen noch immer so stark zu sein, ohne selbst jemals den Halt zu verlieren, ist wirklich außergewöhnlich und verdient den größten Respekt.

Um jede Gefahr einer Wiederholung der tragischen Geschichte auszuschließen, überprüfte ich mit speziellen Übungen und im direkten Gespräch immer wieder die Gefährdung meiner Klientin, Suizid zu begehen. Wäre auch nur ein Ansatz erkennbar gewesen, hätte ich sofort die nötigen Schritte eingeleitet.

Ich fragte sie regelmäßig, ob sie ihre Brüder vermissen würde, da diese etwa in ihrem Alter ums Leben gekommen waren, und was dieses Wissen in ihr bewirkte. Vor allem mit dem jüngeren der beiden hatte sie wegen des geringeren Altersunterschieds eine sehr enge Bindung gehabt. Sie hatte jedoch gelernt, mit dem Tod ihrer Brüder zu leben und versuchte, ihren eigenen Weg zu finden. Als Hilfestellung nahmen wir uns die Interessen ihrer Brüder wie lesen, musizieren und ähnliche und ließen diese in ihr weiterleben. So konnte sie ihnen nahe sein und fühlte sich nicht so von ihnen im Stich gelassen.

Damit sich die Mutter keine Sorgen um ihre Tochter machen musste, sprach ich mit dem Mädchen über das wichtige Thema der Schweigepflicht, da es mittlerweile ja 18 Jahre alt war. Im Normalfall sind die Eltern in diesem Alter nicht mehr so eingeweiht oder integriert in den Beratungsverlauf, es war jedoch klar, dass in diesem Fall ein anderes Umgehen mit der Situation notwendig war. Der Familie die Angst zu nehmen und Anita das Gefühl zu vermitteln, auch zu Hause über jedes Problem offen reden zu können, stand im Mittelpunkt der Beratung. Es war wichtig, dass die junge Frau begriff: Kein Problem konnte so groß sein, dass sie es nicht mit ihren Eltern besprechen konnte. Und ihrer Mutter sagte ich, dass sie den Freund ihrer Tochter fürs Erste akzeptieren musste, da ich keinen Sinn darin sah, Anita den jungen Mann auszureden. Sie könne ihrer Tochter ihre Meinung dazu vermitteln und anbringen, dass sie sich Sorgen machte, aber die letztendliche Entscheidung lag bei Anita und war zu respektieren. Umgekehrt machte ich der Jugendlichen klar, dass sie sich nicht für ihren Freund verantwortlich fühlen musste, dass sie ihren Weg gehen konnte und sich nicht von ihm mitziehen lassen sollte, wenn es in die für sie falsche Richtung ging. Sie sollte kein Muster nachleben, das in den Abgrund führte.

Da sich ihr allgemeiner Zustand mittlerweile verbessert hatte und die Herzrhythmusstörungen seit dem Schulabbruch verschwunden waren, kam mir eine Idee. Sie hatte als Kind immer gerne mit ihrer Familie Urlaub gemacht und diese Zeit besonders genossen. So machte ich ihr den Vorschlag, derlei Urlaube auch weiterhin in ihr Leben einzuplanen. Auch wenn sie mittlerweile erwachsen war, sprach nichts dagegen, dieses „Familien-Highlight" als Tradition weiterzuführen. So konnte die Verbindung der Familie gestärkt werden und ein engerer Zusammenhalt entstehen. Den Eltern würde eine positive Ablenkung genauso guttun wie der Halbwüchsigen und dadurch könnte außerdem eine neue Vertrauensbasis entstehen. Falls sich in der Zwischenzeit eine Lehrstelle auftun sollte, konnte das sicher abgesprochen werden. Die Familie nahm den Vorschlag an. Zu diesem Zeitpunkt arbeiteten wir noch an der Lehrstelle. Wenn es auch schwer war, so war ich doch zuversichtlich, was das angeht. Zudem blickten wir immer wieder zu den Brüdern zurück. Eine Frage diesbezüglich erschien mir bedeutend: Welche Rolle hatte ihr Freund in Anitas Leben, gab es Parallelen zu den Brüdern? Das Ergebnis dieses Hinterfragens ergab: Die beiden Jugendlichen stützen einander gegenseitig und diese Tatsache galt es zu respektieren.

Die junge Dame kam nach dem Urlaub mit ihren Eltern zurück und plötzlich war alles anders: Sie hatte sich von ihrem Freund getrennt, da sie selbst gemerkt hatte, dass er sie gehemmt hatte, in ihrem eigenen Leben weiterzukommen. Und so entstand bei unserem Abschlussgespräch folgende Geschichte, die mit dem Titel „Zukunft und Vergangenheit“ versehen war: “Ich habe in meiner Vergangenheit viel erlebt, das nicht immer sehr angenehm für mich war. Ich habe auch in der Zeit der Lehrstellensuche immer wieder Absagen erhalten, die für mich wie ein Stich ins Herz waren und mich wieder enttäuscht und traurig gemacht haben. Die Situation war wieder einmal chancenlos. Dann kam der Regenbogen und das verbinde ich mit Frau Novak, die mir mit Gesprächen in meinem Leben wieder weitergeholfen hat. Plötzlich war die Lehrstelle da und ich sehe mich in meiner jetzigen Situation sehr zufrieden, hoffnungsvoll und zuversichtlich.“ Ich konnte die junge Dame nach vielen Jahren der Begleitung guten Gewissens ziehen lassen, da wir in ihrem Herzen Platz für die verstorbenen Brüder geschaffen hatten. Ich war beruhigt, da sich die neue Krise zum Guten gewendet, Anita wieder Zukunftsperspektiven hatte und bereit war, weiterzumachen.

3.6 Ein Bild von etwas kreieren, das man eigentlich gar nicht sehen will

Die Familie des zehnjährigen Manuel machte an einem sonnigen Sonntagnachmittag einen netten und gemütlichen Familienausflug – einen Ausflug ins Grüne, wie ihn viele von uns kennen. Dass dieser Tag einer der schlimmsten in den noch jungen Jahren des Kindes werden sollte, konnte niemand ahnen. Nichts an diesem Tag ließ darauf schließen, was in dieser Nacht noch Schreckliches passieren sollte. Als Manuel längst tief schlief, meinte sein Vater zu seiner Frau, dass er nochmal kurz in den Garten gehen würde, um etwas zu erledigen. Das waren jedoch seine letzten Worte gewesen, denn er war nie wieder zurückgekommen ...

Die Mutter erledigte nichtsahnend noch verschiedene Arbeiten im Haushalt. Nach einiger Zeit wunderte sie sich, wo ihr Mann denn so lange blieb. Sie ging nach draußen, um ihn zu suchen. Als sie in der Garage nachsah, stellte sie voller Entsetzen fest, dass er sich am Deckenbalken erhängt hatte – ein Anblick, der sie von diesem Tage an ein Leben lang begleiten würde.

In Panik und voller Angst rief sie sofort die Rettung, die wiederum das Akut-Team hinzuzog, um der Familie sofort professionell helfend beizustehen. Der Notarzt konnte nur noch den Tod des Vaters feststellen und die Welt von Mutter und Sohn war von einem Moment auf den anderen nicht mehr dieselbe. Selbst unter Schock stehend, wusste die Mutter nicht, wie sie das ihrem Jungen erklären sollte.

Dieser war durch die Sirenen und Einsatzkräfte in der Zwischenzeit munter geworden und stand schlaftaumelnd und voller Angst in der Eingangstüre des Hauses. Zum Glück blieb er vom Anblick seines toten Vaters verschont, da die Garage nebenan lag. Die Psychologen des Akut-Teams nahmen sich seiner an, um die Erstbetreuung einzuleiten. Diese ist ein wichtiger Bestandteil, um das Trauma und das Erlebte einigermaßen verarbeiten zu können und in späterer Folge Trauerarbeit zu ermöglichen. Seiner Mutter war es enorm wichtig, dass sie ihrem Sohn noch im Beisein des Akut-Teams die Wahrheit kindgerecht vermitteln konnte. Sie wollte nicht, dass Manuel eine Lüge erzählt wurde und sie die Offenbarung der Wahrheit somit eines Tages nachholen würde müssen. So versuchte das Team, dem Jungen die Situation so schonend wie möglich zu erklären – keine leichte Aufgabe, denn wie soll ein Kind eine solche Handlung nachvollziehen können, besonders nach einem so schönen gemeinsamen Familienausflug.

Der erste Eindruck, den das Kind in den nächsten Tagen formulierte, lautete: „Es ist halt so, da kann man nichts ändern.“ Außerdem sagte er: „Ich möchte nicht weinen, da der Schmerz sonst aufs Herz geht.“ Manuels Mutter machte sich berechtigte Sorgen, da ihr Sohn mit der Trauer und dem Geschehenen nicht zurechtkam und beides auf diese Art und Weise verdrängte. Sie suchte deshalb nach professioneller Hilfe und landete auf Grund meiner Erfahrung in der Trauerbegleitung von Kindern bei mir.

Natürlich berührte es mich übermäßig, als die Frau mir die Zusammenfassung der letzten Tage ihres Mannes erzählte.

Oft erreichen mich Schicksale, die nur schwer zu bewältigen sind und wenn die einzelnen Phasen der Trauerarbeit nicht durchgegangen werden, hinterlassen diese so tiefe Spuren, dass ein normales Leben kaum möglich ist. Es wird oft davon ausgegangen, dass Kinder irgendwann vergessen, weil sie jung sind und noch das ganze Leben vor sich haben. Doch die Wunden und Spuren, die ein solches Trauma hinterlässt, wirken sich in allen Lebensbereichen ein Leben lang aus. Den kindlichen Entwicklungsprozess, der in verschiedene Abschnitte eingeteilt ist und durch ein derartiges Erlebnis gestört wird, gilt es so gut wie möglich zu heilen. Um diese Bürde im Erwachsenenalter nicht durchleben zu müssen, ist eine umgehende Trauerbegleitung sofort nötig. Es ist wichtig, Kindern die Zeit, die sie für die Trauerarbeit brauchen, zu geben – ohne dabei etwas zu verdrängen. Da jeder Mensch eine individuelle Persönlichkeit hat, darf die Trauer die Zeit benötigen, die sie braucht. Der wesentliche Aspekt der Trauerarbeit beinhaltet jedoch, nicht in einer Schleife des Erlebten hängenzubleiben. In einer kurzen Auflistung[4] möchte ich die einzelnen Punkte aufzeigen, welche eine umfassende Trauerarbeit miteinschließt.

1. Phase

Erinnerungsarbeit:

Die positiven Erinnerungen sollten in einer Schatzkiste (Fotos, Eindrücke, Erinnerungen, Symbole, …) geschützt werden. Nichts von alldem geht verloren – auch wenn der Mensch geht, kann ich jederzeit darauf zurückgreifen und Schönes erhalten.

2. Phase

Gefühlsarbeit:

1. Deklarieren: Wo ist der Verstorbene und wo bin ich (Himmel versus Erde)? Durch ein gemaltes Bild können Himmel und Erde miteinander verbunden werden. Dem Verstorbenen wird somit ein guter Platz auf einer Wolke gegeben.

2. Gefühle benennen: Mithilfe eines Seelenvogels, der auf seiner Rückseite verschiedene Gefühlsladen hat, werden diese aufgezählt und benannt (Wut, Verzweiflung, Einsamkeit, ...). Jede der einzelnen Laden wird durchgearbeitet, nur der Betroffene kann auch selbst jederzeit eine dieser Laden öffnen und den Gefühlen Platz und Raum geben. Gefühle dürfen sein und sollen auch zum Ausdruck bringen, wie es einem gerade geht. Man darf sie ausleben, ohne dass etwas Schlimmes passiert oder sie einen überwältigen.

3. Phase

Ressourcenarbeit:

Wenn die Trauerarbeit abgeschlossen ist, soll das Kind auf wiederkehrende Emotionen vorbereitet sein und Hilfsmittel zu Hause haben. Beispiele sind das Krisenklavier, der Notfallplan oder der Rettungsring. Was tut man, um so schnell wie möglich aus dem Tief zu kommen? (Freunde treffen, mit Angehörigen sprechen, die Schatzkiste öffnen, die im Herzen für immer verbundene Nähe spüren ...)

In den ersten Stunden konzentrierten wir uns auf die positiven Erinnerungen mit Manuels Vater. Wir bastelten eine Erinnerungsbox, gestalteten eine Familienkerze und behielten den Fokus auf der Erinnerungsarbeit. Zudem verfasste der Bub einen Abschiedsbrief – sehr traurig, aber gefasst. Manuel hatte die Trauer den Umständen entsprechend gut verkraftet. Er war betroffen, jedoch auch sehr gefasst – was für einen Zehnjährigen wirklich ungewöhnlich war.

Ein Wende in der Geschichte entstand, als der Jugendfreund der Mutter sich immer mehr um die Familie kümmerte. Die Witwe und ihr Sohn hatten dadurch eine Schulter zum Anlehnen und Unterstützung bei Alltagsaufgaben, die der Mutter noch sehr schwerfielen. Es entwickelte sich eine Beziehung daraus, die der Familie sehr gut tat. Manuel freute sich darüber, dass eine neue männliche Bezugsperson im Haus war und eine Art Vaterersatz entstand. Um auch diesen kennenzulernen und in die zukünftige Familie miteinzubeziehen, lud ich ihn zu einem Beratungstermin mit dem Kind ein.
Manuel erzählte dem neuen Mann im Leben seiner Mutter in diesem Gespräch bei mir, wie sehr er ihn mochte und was für ein tolles Gefühl es war, einen Feuerwehrmann im Haus zu haben. Alles schien gut zu sein und die Familie war sichtlich auf einem guten Weg in die Zukunft.

Leider währte dieses Glück aber nicht lange, da sich der Mann ohne wirklich ersichtlichen Grund immer mehr von der Familie zurückzog. Für Manuel brach erneut eine Welt zusammen. Als Grund für seinen Rückzug wurde dem Kind vermittelt, dass es dem Freund gesundheitlich nicht so gut ginge. Sofort löste diese wiederkehrende Situation in dem Jungen eine große Angst aus, seinen „Vaterersatz" zu verlieren – er befürchtete, dass auch dieser von einem Tag auf den anderen sterben würde.

Wir hatten gerade eine kurze Beratungspause eingelegt, damit die Trauerbewältigung Zeit hatte, stattzufinden, als sich die Mutter erneut besorgt bei mir meldete: Ihrem Jungen ginge es richtig schlecht und er wollte nur mit mir über seine Gefühle sprechen – so lautete sein ausdrücklicher Wunsch. Er hatte anscheinend gesagt: „Ich liebe dich sehr Mama, doch ich möchte mit Uschi darüber reden!" Das Kind spürte wohl ganz genau, dass seine Mutter selbst noch zu stark mit dem Verlust ihres Mannes zu kämpfen hatte. Für Manuel waren unsere Gespräche wie Medizin, wie er mir eines Tages in einem Brief schrieb. Er meinte auch, dass er bis zu seinem 18. Lebensjahr zu mir kommen wollte. Als er das geschrieben hatte, war er gerade einmal zehn Jahre alt ... Genau in solchen Momenten faszinieren und überwältigen mich Kinder jedes Mal. Es kann kein besseres Feedback oder keine schönere Anerkennung für meine Arbeit geben als derartige Rückmeldungen der Kinder. Sie kommen offen und ehrlich aus dem Herzen, was mich immer zu Tränen rührt.

Als Manuel das nächste Mal bei mir war, schlug ich ihm vor, den Freund der Mutter gemeinsam anzurufen, um nachzufragen, wie es ihm denn gesundheitlich gehen würde. Ich wollte ihm dadurch gezielt die Angst nehmen, welche ständig in ihm kreiste. Der Junge willigte ein und so kam es zu einem klärenden Telefonat. Der Mann erzählte uns, dass er an Gleichgewichtsstörungen litt und dass diese noch

zwar jeweils ihre Geschichte ausführlich erzählen können, doch war die Reaktion der Therapeuten äußerst unbefriedigend für sie gewesen – sie hatten nicht die richtigen Fragen gestellt und ebenso wenig die für sie richtigen Worte gefunden. So war es für sie beide Male ein unbefriedigender Austausch gewesen, da neue Ansätze ausgeblieben waren. An dieser Stelle sei gesagt: Bei jeder Beratung oder Therapie ist es die Chemie die zwischen Klient und Berater/Therapeut, die stimmen muss. Das ist der Schlüssel zum weiteren Erfolg. Wenn das nicht passt, empfiehlt es sich, jemand anderen zu suchen, um nicht Zeit und Geld falsch zu investieren.

Helene setzte sich also in mein Beratungszimmer und bot mir sofort das Du-Wort an, da es sich für sie auf diese Weise so leichter reden würde, wie sie meinte. Sie war gerade mal gute zehn Jahre älter als ich und hatte doch schon eine wirklich heftige Leidensgeschichte hinter sich. In diesem Moment wurde mir wieder einmal bewusst, welches Geschenk es ist, gesund zu sein. Alltägliche Probleme verlieren an Bedeutung, wenn es plötzlich um alles geht.

Als sie mir die Kurzfassung ihres Leidenswegs erzählte, stellte sich heraus, dass ihre nun fast 90-jährige Mutter ein großes Thema in ihrem Leben war. Diese war mittlerweile dement. Eine einst starke und dominante Frau, die ihre Kinder streng erzogen hatte und „der Feldwebel" der Familie gewesen war, konnte nun ohne deren Hilfe nicht mehr existieren. Das war ungewohnt und verwirrend für Helene, was sich auch bei jedem weiteren Besuch deutlich zeigte. Die Tochter meiner Klientin kam mit ihrer Großmutter gut zurecht, doch Helene hatte sich von ihrer Mutter nie richtig angenommen gefühlt, was laufend Groll und Ärger in ihr schürte.

Nach den ersten eineinhalb Stunden konnte ich mir ein Bild von Helenes Leben machen, welches mit etlichen Beziehungsproblemen gefüllt war. Ich versuchte zunächst ein wenig Ordnung und Struktur hineinzubekommen, um in Folge dessen ein Konzept zu erarbeiten, welches uns das gemeinsame Arbeiten erleichtern sollte. Oft werden nämlich im Kopf viele Themen miteinander verbunden, man verliert den Überblick und eine Überforderung entsteht. Als Betroffener weiß man dann nicht weiter, braucht die Struktur eines Außenstehenden. So versuchte ich die Dinge auseinanderzudividieren, um danach gemeinsam mit Helene eines nach dem anderen aufzuarbeiten. Helene war sprunghaft. Ich versuchte dennoch, mit ihr und ihren Themen mitzuschwingen, und sie thematisch dort abzuholen, wo sie gerade war. Wir verbrachten viele Stunden damit, über ihre Mutter zu reden, denn es bereitete ihr große Sorgen, dass diese sie bei ihren Besuchen nicht mehr erkannte. Die Altersdemenz war inzwischen so weit fortgeschritten, dass sie Helene jede Zuordnung gab, nur nicht die ihrer Tochter – sie verwechselte sie regelmäßig mit ihrer Schwester oder überhaupt fremden Leuten. Klar machte das Helene fürchterlich zu schaffen, da sie gerade in diesen Tagen selbst Hilfe gebraucht hätte. In diesen Momenten verstärkte und bestätigte sich aber das Gefühl, nie richtig angenommen worden zu sein.

Die Weihnachtsfeiertage waren vergangen und ein neues Jahr stellte sich ein. Wir arbeiteten uns tiefer in das Geschehene ein und kamen bei der Aufarbeitung recht gut voran.

Natürlich lag der Fokus immer wieder auf den regelmäßigen medizinischen Untersuchungen, die nach der langen Krankheit weiterhin nötig waren. Welcher Arzt wofür zuständig war, welche Alternativen es gab und welcher Weg für Helene der beste war – diese Überlegungen stellten eine große Herausforderung für sie da, wie auch das Warten, Hoffen und Bangen, wenn es schließlich um die jeweiligen Testergebnisse ging. Sie wusste ja noch nicht, ob sie tatsächlich endgültig geheilt war oder ob neue Metastasen sie im Heilungsprozess nach hinten werfen würden. Sie hatte es noch nicht überstanden – das wussten sie und ihre Familie genau.

Leider ist das Schicksal oft ein mieser Begleiter und so wurden Ende Jänner erneut Metastasen bei Helene festgestellt – diesmal im Kreuzbein. Erneut brauch eine Welt für sie zusammen, welche auf Hoffnung und Neubeginn ausgerichtet gewesen war. Das Ganze war ein schwerer Rückfall, da alles wieder von vorne begann: die Chemos, die Schwäche, die Übelkeit, die Schmerzen und die Verzweiflung. Immer wieder wurden neue Therapien an ihr ausprobiert, wodurch sie sich manchmal auch wie ein Versuchsobjekt fühlte, weil das Ergebnis leider nicht absehbar war. Sie litt meist unter starken Schmerzen, da die Metastasen auf ihren Ischiasnerv drückten und dieser rebellierte. Sie konnte sich zeitweise kaum bewegen. Durch diese Einschränkung war das Gefühl der direkten Bedrohung immer gegenwärtig und niemand wusste, ob dieser Kampf positiv enden würde. So wurde in unseren Beratungssitzungen der Tod vermehrt zum Thema, obwohl er doch so fern schien, denn Helene hatte den Kampf noch lange nicht aufgegeben, und so arbeitete ich mit ihr an den Ressourcen, die uns zur Verfügung standen.

Was wollte sie noch unbedingt erleben, was war in ihrem Zustand realistisch möglich? Was wäre, wenn wirklich das Schlimmste eintreffen sollte? Ich stellte mich von Stunde zu Stunde neu auf Helene ein und wir besprachen das, was gerade am wichtigsten erschien. So „switchten" wir zwischen bester Freundin, Familie, Krebs, Träumen, Wünschen, ehemaligen Liebesbeziehungen und derzeitiger Partnerschaft herum. Ich sprang in ihrem Tempo mit, stellte mich flexibel ein, da keiner wusste, ob und wie viel Zeit uns bleiben würde.

Ein großer, bislang unerfüllter Wunsch Helenes war es, mit ihrem Mann eine Reise nach Korsika zu machen. Als ich ihren Gatten das erste Mal sah, sah ich, wie herzlich er war und wie sehr er sich um seine Frau sorgte. Wir plauderten ein wenig miteinander und so erfuhr ich, dass er die gleiche Situation bereits mit seiner ersten Ehefrau durchleben hatte müssen und diese ihrer Krebserkrankung erlegen war. Alles wiederholte sich für ihn, was natürlich eine außergewöhnliche Belastung darstellte, und diesbezüglich sorgte sich auch meine Klientin. Wie würde er erneut mit dieser Last zurechtkommen? Sie führten seit zwölf Jahren eine glückliche, fröhliche Beziehung, die viele schöne Erlebnisse beinhaltete. Vieles stand noch auf ihrem gemeinsamen Plan, doch wurden Helenes Schmerzen täglich schlimmer, wodurch irgendwann nur mehr wenig Aktivität möglich war. Dadurch verschloss sie sich immer mehr, wurde unzugänglich und konnte ihrem Mann schwer Nähe geben. All ihre gemeinsamen Träume schrumpften, und so galt es, sich gemeinsam an den kleinen Hochs zu erfreuen.

In einer unserer weiteren Sitzungen zeigte sie mir die Stelle, wo ihr tiefster körperlicher Schmerz saß. Ich bat sie daraufhin, sich auf meine Couch zu legen, damit ich ihr meine Hand auf die schmerzende Stelle legen konnte. Das tat ihr gut und ich spürte deutlich, wie die Stelle zu pulsieren anfing. Es fühlte sich ungewohnt und anders an, und ich spürte den Schmerz, der Helene zu schaffen machte. Damit sie und ihr Mann sich in dieser schweren Lage einander näher fühlen konnten, schlug ich darum vor, dass er ihr ebenso ab und zu seine Hand auflegen sollte. Helene lehnte das zunächst ab, weil sie ihn nicht zusätzlich belasten wollte. Also schlug ich vor, mit ihm darüber zu reden und dabei seine Reaktion zu beobachten, worauf sie schließlich zögernd einging. Am Ende unserer Stunde wartete ihr Mann wie gewohnt auf sie und ich bat ihn, kurz Platz zu nehmen, um ihm von unserer kleinen Heilungserfahrung zu erzählen. Er hatte keine Einwände, dasselbe zu versuchen, sondern freute sich, etwas Positives beitragen zu können. Sie waren einander viel vertrauter als meine Klientin und ich – so konnte ihr diese Nähe nur guttun.

Da Helene unsere gemeinsame Zeit überaus schätzte, nahm sie unsere Termine trotz langer Anreise und Schmerzen weiterhin wahr. Sie nannte mich ihren „Sonnenschein", da ich stets optimistisch blieb und sie aufbauen konnte. Ich gab ihr Zuversicht, was sie dankend annahm und genoss. Bei jedem Treffen umarmte ich sie zum Abschluss, um ihr Kraft mitzugeben. Innerhalb einer Beratung war das sicher ungewöhnlich, doch war es mir ein inneres Bedürfnis, also bin ich meiner Intuition gefolgt, indem ich diesem Impuls nachgab.

Helenes Mann wollte ihr ebenso Zuversicht und Nähe geben, jedoch war er stets unsicher, was ihr wirklich guttat. Daher vermittelte ich ihnen beiden nochmals, wie wichtig es war, die eigenen Bedürfnisse anzusprechen, ohne dabei ein schlechtes Gewissen zu haben. Nur gemeinsam konnten sie diese Herausforderung bestmöglich bewältigen und einander dabei nahe bleiben.

Leider schlug die Chemotherapie nicht so an, wie wir es uns gewünscht hatten und folglich stellte sich eine immer größere Verunsicherung ein. Es stand die Frage im Raum, diese Form der Behandlung abzubrechen, was allerdings ein großes Risiko darstellen würde. So suchte Helene vermehrt nach alternativen Möglichkeiten, da die Schulmedizin sie nicht mehr überzeugen konnte. Durch eine ehemalige Klientin bekam ich den Kontakt zu einem Alternativmediziner, der auf diesem Gebiet Experte war. Er war vor vielen Jahren aus der Schulmedizin ausgestiegen, war ein Querdenker, fachlich kompetent, doch mit alternativen Ansätzen. Was hatte sie zu verlieren? Also vereinbarten wir gemeinsam einen Termin und suchten ihn auf. Er sah sich die unzähligen Befunde ihrer Untersuchungen an. Mittels Osteopathie versuchte er, die Stelle am Kreuzbein zu entlasten und Helene so ein wenig vom Schmerz zu nehmen. Sie erzählte ihm von dem immer schlimmer werdenden permanenten Durchfall, an dem sie zu diesem Zeitpunkt litt. Diese Belastung steuerte zunehmend ihr Leben und Befinden. Durch die weiterführende Chemotherapie konnte sich der Darm kaum noch regenerieren und die Beschwerden wurden täglich schlimmer. Es ging so weit, dass sie kaum noch sitzen konnte und zu jedem Treffen mit einem Schwimmring als Sitzerleichterung kam. Der Alternativmediziner gab uns auch einen Buchtipp mit auf den Weg: „Krebs ist keine Krankheit, Krebs ist ein Überlebensmechanismus“[5], um die Hintergründe von Helenes Krankheit besser zu verstehen. Ich las das Buch ebenso mit voller Spannung wie meine Klientin und so konnten wir die Ideen und Ansätze in der Beratung besprechen und mit einfließen lassen. Ein wesentlicher Ansatz lag darin, dass Krebs oft eine Folgeerscheinung tiefer Kränkungen im Leben war, welche nie richtig aufgearbeitet wurden.

Nach diesem weiteren gedanklichen Ansatz kam das Thema „Mutter“ erneut ins Spiel. Meine wichtige Frage war nun, wie weit ich es in ihrem jetzigen Zustand verantworten konnte, bei dieser Kränkung genauer hinzusehen. Um dies fachlich abzuklären, telefonierte ich erneut mit dem Alternativmediziner und fragte ihn um seine Meinung. Er meinte, dies zu bereinigen wäre unbedingt notwendig, damit Helene es endlich hinter sich lassen konnte. Meine Klientin war dafür bereit, was sie mir stets bestätigte. Um die momentane Situation nun bildlich darzustellen, verwendete ich das Familienbrett, das sich schon oft bewährt hatte. Diese Art der Aufarbeitung und Lösung kann ich nur empfehlen, da die gegebene Situation dadurch bildlich dargestellt wird und mögliche neue Perspektiven ausprobiert werden können. Dies verändert etwas beim Klienten und auch bei den nicht anwesenden, aber aufgestellten Personen. Am Familienbrett zeigte sich die tiefe Kränkung Helenes durch die Mutter, wie sie Helene im realen Leben auch laufend erlebte – denn bei den Besuchen bekam sie meistens Vorwürfe an den Kopf geworfen. Es gab hier keine liebevolle Mutter-Tochter-Beziehung. Somit stand ernsthaft die Frage im

Raum, was ihr diese Besuche bei ihrer Mutter außer Kränkungen bringen würden. Wie konnte sie für ihre Mutter da sein und doch auch selbst auf ihre Kosten kommen? Um eine Entlastung zu schaffen, unterbreitete ich ihr den Vorschlag, sich auf ein Experiment einzulassen: „Was hältst du davon, ein Schild mit der Aufschrift ‚Ich bin dein Kind!' zu basteln?" Staunend sah mich Helene an, doch sie verstand, worauf ich hinauswollte: Sie sollte sich dieses Schild bei jedem Besuch umhängen und beobachten, ob sich etwas verändern würde. Sofort willigte sie ein und unser Experiment konnte starten. In unserer nächsten Sitzung erzählte sie mir, was passiert war: „Ich saß mit dem umgehängten Schild da und sie sagte zunächst kein Wort. So wartete ich geduldig die erste Reaktion meiner Mutter ab. Plötzlich fing sie an, den Satz laut vorzulesen!" Das sollte sich bei jedem weiteren Besuch wiederholen! Helene sagte nie etwas darauf, sondern wartete weiterhin ab. Die Gespräche mit ihrer Mutter verliefen jedoch auf einmal anders: Es standen keine Vorwürfe mehr im Raum, langsam stellte sich sogar ein angenehmes Gesprächsklima ein. So kam es in weitere Folge zu keinen Kränkungen mehr, was für meine Klientin eine große seelische Entlastung war. Natürlich musste sie das Schild bei jedem Besuch tragen, da die Demenz das Bild ihrer Mutter trübte.

Um sich nach dieser erfolgreichen Lösung die komplette Familiengeschichte anzusehen, nahmen wir erneut das Familienbrett zu Hilfe. Meine Klientin hatte zwei Töchter, welche selbst schon Mütter waren. Eine davon hatte Kinder im Alter von zwei, vier und sechs Jahren und die andere eine Tochter mit 17 Jahren. Obwohl eine ihrer Töchter im Nach-

barort wohnte, war der Kontakt zu ihr nur spärlich und das machte sie unglücklich. Die andere kümmerte sich rührend um ihre Mutter.
Leider passiert es häufig, dass Mütter sich ihren Kindern nicht aufdrängen wollen und sich zurückziehen. Doch genau diese Zurückhaltung entzweit viele Familien. Die Bedürfnisse aller sollten in jeder Familie Raum und Platz finden, denn nur so ist eine aufrechte, liebevolle Beziehung möglich. Diese Qualität, wirklich offen für die anderen zu sein, hat man in wenigen Bereichen in seinem Leben, daher ist es gerade in der Familie so ein wichtiges Thema.

So wünschte ich mir von Helene, dass sie ihrer jüngeren Tochter mitteilte, wie sehr sie sie vermisste. Da ihr leider Kraft und Mut dazu fehlten, sprach ich erneut mit ihrem Mann darüber, und so nahm er sich der Sache an. Er führte ein ausführliches Gespräch mit der Tochter, redete ihr ins Gewissen, die verbleibende Zeit mit ihrer Mutter doch zu genießen. Daraufhin begann diese, ihre Mutter ab und zu zu besuchen – zwar nicht in dem Ausmaß, wie es sich meine Klientin gewünscht hätte, doch das war ein Anfang. Erst bei einem zweiten eindringlichen Gespräch, das Helenes ältere Tochter dann mit ihrer Schwester führte, erkannte diese den Ernst der Lage, und dass es Zeit war, für ihre Mutter da zu sein. So entstand auch wieder mehr Kontakt zu den Enkelkindern, was Helene unendlich glücklich machte. Neuer Lebensmut machte sich in ihr breit und sie war wieder stark genug, um ihr Leben zu kämpfen.

Es war und ist für mich nach wie vor bewundernswert, welche Kraft und welchen Lebenswillen schwer erkrankte

Menschen aufbringen können, an welchen Strohhalmen sie sich festhalten, wie sie Kleinigkeiten zu schätzen wissen und wie offen sie ihre Probleme bereinigen möchten.
Zwischenzeitlich musste sich Helene immer wieder ins Krankenhaus begeben, wo weitere Therapien ausprobiert wurden. Nichts blieb unversucht und immer neue Hoffnung hing daran – keine einfache Situation für alle Beteiligten. Da sie während dieser Krankenhausaufenthalte unsere Gespräche vermisste, doch nicht zu mir kommen konnte, fuhr ich in dieser Zeit zu ihr ins Spital, um sie weiterhin unterstützen zu können. Sie organisierte uns einen Raum, in den wir uns zurückziehen konnten, um in Ruhe weiterzuarbeiten. Ich war ein wichtiger Anker in ihrem Leben geworden, der ihr Halt und Zuversicht gab. Meine positive Einstellung gab ihr weiterhin Kraft und holte sie manchmal aus ihrem schmerzhaften Dasein. Da das körperliche Leiden für Helene mittlerweile unerträglich geworden war, wurde nun eine Schmerztherapeutin hinzugezogen, deren Einwirken ein wenig Milderung brachte. Die Metastasen hatten sich vom Kreuzbein in die Leber ausgebreitet und eine Verbesserung war nicht in Sicht. Trotz ihres Spitalsaufenthaltes waren wir täglich in Kontakt, telefonierten, schrieben oder trafen uns.

Nach einiger Zeit durfte Helene das Spital wieder verlassen – es ging ihr etwas besser. Mit zahllosen Tabletten konnte sie zu Hause ein halbwegs normales Leben führen. So versuchten wir bei unseren Sitzungen dort anzuschließen, wo wir vor diesem Krankenhausaufenthalt aufgehört hatten: Korsika – ein Wunsch, der noch immer im Raum stand. Endlich wurde die mögliche Umsetzung zum Thema. Fliegen war für Helene keine Option, da dies ihr chronischer Durchfall nicht zuließ. Also versuchte ihr Mann einen Campingwagen zu organisieren, durch den sie mehr Flexibilität haben würden. Um Helene seelisch darauf vorzubereiten, ihren Traum zu verwirklichen, kreierten wir Sätze wie „Ich bin ein Stehaufmännchen, ein kräftiger Baum und will das Beste aus meiner Situation machen, das Leben einfach genießen!" Dazu suchten wir das passende Bild einer steirischen Eiche, das diesen Worten Nachdruck verlieh. Die Wurzeln der Bäume stehen für Lebenskraft und einen starken Willen, daher passte das sehr gut. Helene war ja eine Kämpferin und wollte dies auch weiterhin bleiben. Ihr Lebenswille beeindruckte mich immer wieder ...

Meine Klientin hoffte ihren jetzigen Zustand so weit wie möglich halten zu können, um die geplante Reise im Juni antreten zu können. Ihr Mann hatte alles genau geplant und organisiert, sodass an und für sich nichts schiefgehen konnte. Doch leider ging es ihr bald wieder schlechter und die Reise musste abgesagt werden. Helenes Enttäuschung war natürlich riesengroß. Ihr Mann nahm es gefasst, da er ihre Verschlechterung täglich miterlebte, doch hätte auch er sich noch diese gemeinsame Reise gewünscht. Ihren Verfall mitzuerleben, traf ihn außerdem immer schwerer.

Danach kam wieder eine etwas stabilere Zeit, jedoch war der Durchfall nach wie vor lebensbestimmend. Er beeinträchtigte sie so sehr, dass wir Sätze dafür formulierten, welche ihr Leid ausdrückten: „Ich möchte den Durchfall loswerden, ein halbwegs normales Leben führen, denn im Moment mache ich nur das Notwendigste." Helene suchte nun jemanden auf, der eine Ozonhochdosistherapie mit ihr durchführen wollte.

Diese Art der Therapie sollte eine Linderung der Schmerzen bringen, doch zeigte keine nachhaltige Wirkung.

Viele Krebspatienten gehen nach langem Leiden und wenig Erfolg in der Schulmedizin diesen Weg zur Alternativmedizin, weil das praktisch ihre letzte Hoffnung ist. Meist ist es leider zu spät, um eine Heilung herbeizuführen, doch ist es für den Patienten wichtig, das Gefühl zu haben, alles in seiner Macht Stehende getan zu haben. Nur dann besteht auch die Möglichkeit, in Frieden gehen zu können.

Zu unseren nächsten Sitzungen konnte sie sich nur noch mühevoll schleppen. Oftmals musste sie halb liegend im Auto gebracht werden und in meiner Praxis lag sie ebenso auf der Bank, weil sie zu schwach zum Sitzen war. Ich streichelte dann meist ihre Hand und wir redeten über ihr vergangenes Leben. Wir suchten uns schöne Erinnerungen und Erlebnisse, welche sie im Moment glücklich und zufrieden machten: die Zeit mit ihren Kindern und Enkelkindern, die tollen Reisen mit ihren Partnern.

Die meiste Zeit verbrachte Helene inzwischen zuhause, da es ihr Wunsch war, nur im äußersten Notfall ins Krankenhaus zu fahren. Ihre ältere Tochter war in Hospizkarenz gegangen und übernahm die medizinische Versorgung ihrer Mutter, was möglich war, da sie als Krankenschwester das notwendige Wissen mitbrachte. So konnte Helene in ihrem Zuhause Medikamente, Spritzen und die nötige Pflege erhalten. Die Fahrt zu den Ärzten übernahm ihr Mann, der schon in Pension war und sich die Zeit frei einteilen konnte. So hatte jedes Familienmitglied einen Teil der Herausforderung auf sich genommen und half, wo es nur ging – eine wichtige Stütze in dieser schweren Zeit.

Um die ihr bleibende Zeit so schön wie möglich zu gestalten, wollte sie viel Zeit mit ihren Enkelkindern verbringen. Doch im Bett liegend konnte sie kaum etwas Unterhaltendes mit den Kindern machen. Dieser Umstand ließ sie immer wieder schier verzweifeln. Also ging ich mit ihr alle Möglichkeiten durch, welche ihr zur Verfügung standen. Mein Vorschlag war es, Kärtchen vorzubereiten, die im Raum versteckt wurden und nach denen ihr sechsjähriger Enkel suchen sollte. Er liebte es nämlich, verstecken zu spielen und so konnte sie ihm aus dem Bett Anweisungen mit geben, wodurch ein gemeinsames Spiel entstand. Auf den Kärtchen waren übrigens positive Eigenschaften des Kindes vermerkt – dadurch wollte sie ihm etwas Liebevolles mit auf den Weg geben. Zusätzlich waren für ihn kleine Spielsachen oder Naschereien versteckt. Klar kam dies bei dem Jungen überaus gut an.

Jede Sitzung brachte eine neue Ausnahmesituation, auf die es sich einzustellen galt. Es war nicht die Zeit gegeben, sich etwas ausführlich und lange anzusehen, in die Tiefe zu schauen, auszusitzen und auszuheilen – das wussten sie und ich. Daher versuchte ich immer, Helene das Positive aufzuzeigen, sodass sie nach einem Termin bei mir beruhigt nach Hause gehen konnte. Nächtelang hielt sie der Durchfall wach – sie konnte kaum schlafen und die psychische Belastung war enorm. Die Ärzte hatten ihr schon lange einen künstlichen Ausgang empfohlen, welchen sie aber strikt ablehnte. Ich denke, sie hatte die Hoffnung, doch noch gesund

zu werden und wollte so den Rest an menschlicher Würde behalten.

An einem schönen Sommertag erhielt sie eine weitere Sauerstofftherapie in St. Pölten. Im Zuge dessen lud ich sie zu mir ein, um ein wenig zu plaudern und ihr meine Heimat zu zeigen. Dieser Nachmittag brachte ein einschneidendes, prägendes Erlebnis für meinen Mann und mich, zu einem Tag, der uns für immer in Erinnerung bleiben wird. Aber von vorne: Wir hatten damals noch unseren inzwischen leider verstorbenen eigensinnigen getigerten Kater, der fremden Menschen gegenüber gar nicht zugänglich war. Besonders Frauen gegenüber verhielt er sich abneigend und pfauchte sie meist nur an, wenn sie ihm zu nahe kamen. Was an diesem Nachmittag passierte, hatten wir deshalb beide noch nie erlebt: Ab dem Zeitpunkt, als Helene bei unserer Türe hereinkam, wich ihr unser 18-jähriger Kater nicht mehr von der Seite und suchte ständig ihre Nähe. Mein Mann und ich staunten nicht schlecht, als wir das sahen. Er schmiegte sich an sie, setzte sich neben sie und ließ sich von ihr streicheln. Uns allen war sofort klar, dass er ihre Krankheit spürte und ihr deshalb Wärme und Nähe gab. Er schnurrte und wir weinten und lachten über diese Tatsache. Von der Sensibilität und dem Mitgefühl der Tiere könnten wir Menschen uns ein Scheibchen abschneiden!

Der komplette Tag verlief voller Emotionen und wir fanden ein neues gemeinsames Thema: Das Buch „Humor statt Tumor“[6], das uns empfohlen worden war und gut zur aktuellen Situation passte. Es trug den Untertitel: „Wenn du stirbst, dann sterbe ich auch.“ Und das stimmt: Wenn erst mal der

Humor stirbt, wird es ganz schwierig. Es handelt sich bei diesem Buch um ein in sehr bewegendes, das uns tief unter die Haut ging, das wir jedoch nicht fertiglesen konnten. Es fehlte einfach die Zeit neben immer neuen Therapien, Themen, Hoffnung und neuerlicher Enttäuschung. Helenes Familie litt unter diesem Wechselbad der Gefühle und so kümmerte ich mich kurzzeitig auch um ihre Tochter. Als sie sich dazu entschlossen hatte, in Pflegehospiz zu gehen, wollte sie damit dem Wunsch ihrer Mutter entsprechen, zu Hause sterben zu können, den sie ihr unbedingt erfüllen wollte. Doch diese Situation war auch für die ausgebildete Krankenschwester eine große Herausforderung, die mit einer enormen seelischen Belastung einherging. Da es sich um ihre eigene Mutter handelte, war die nötige Distanz, die normalerweise zu Patienten gegeben ist, nicht vorhanden. Den Verfall eines geliebten Menschen mitzuerleben, ohne etwas dagegen tun zu können, übersteigt jede menschliche Grenze.

Irgendwann kam der Zeitpunkt, an dem Helene laut der Ärzte „austherapiert" war. Die Chemos wurden eingestellt und so überlegte sie doch, einen künstlichen Darmausgang legen zu lassen – die verbleibende Zeit sollte weniger belastend werden, doch es kam nicht dazu ... Im Spätsommer des gleichen Jahres lud Helene meinen Mann und mich zu sich ins Burgenland ein. Es war ein schöner sonniger Tag, wir brunchten gemeinsam und sie zeigte sich überaus glücklich über unseren Besuch und bedankte sich immer wieder dafür, dass wir den Weg auf uns genommen hatten. Es war allerdings selbstverständlich für uns gewesen. Beim Verabschieden vereinbarten wir unseren nächsten Termin bei mir in der Praxis für Anfang September. Am besagten Tag rief mich jedoch Helenes Tochter an, um abzusagen.

Ihre Mutter musste sich ständig übergeben und war sehr schwach geworden. Ihr Zustand ließ einfach keinen Auswärtstermin mehr zu und somit schlug ich ihr vor, zwei Tage später erneut ins Burgenland zu kommen. Ich stornierte für diesen Tag all meine restlichen Termine, um mir Zeit für sie nehmen zu können. Es war erneut ein mich sehr berührender Besuch. Im Gegensatz zum vorigen Mal empfing sie mich im Bett liegend. Ich setze mich neben sie, um ihre Hand zu halten. Ihr Zustand war leider wirklich immens schlecht. Neuerdings litt sie an ständiger Übelkeit, hatte keinen Harn und Stuhlgang mehr und die Organe fingen an zu versagen. Ihre Tochter hatte mir bereits im Vorfeld eindringlich vermittelt, dass sie dringend auf die Palliativstation sollte. Dort könnte abgeklärt werden, warum die Organe versagten und wie es um die Patientin stand. Meine Aufgabe bestand nun darin, ihr das im Beisein ihrer Tochter schonend beizubringen. Nur zögerlich und nach langem Reden erklärte sie sich bereit, dieser Bitte zu entsprechen und sich ins Spital zu begeben. Sie wusste genau, dass dies vielleicht ihr letzter Weg sein könnte.

Als ich am Bett sitzend ihre Hand hielt, zeigte sie mir die Schläuche an ihrem Körper. Das war ein schlimmer Anblick, da sie zusätzlich extrem abgemagert war. Mittlerweile schon halb neben ihr liegend plauderten wir wenig später über ihr Leben, ihre schönen Erinnerungen und wie zufrieden sie damit sein konnte, denn mit ihrem Mann, ihren Kindern und ihren Enkelkindern hatte sie eine schöne Familie geschaffen. Im laufenden Gespräch kam jedoch immer wieder die große Angst vor dem Tod und dem was danach kommen würde, durch. Um ihr diese ein wenig zu nehmen, lud ich sie auf eine Reise ein. Ich fragte sie nach einem Ort, an dem sie sich besonders wohlgefühlt hatte und der ihr in positiver Erinnerung geblieben war. Sofort fiel ihr dazu Ybbs-Persenbeug ein. Es gab hier einen wunderschönen Zauberwald, in dem sie oft mit ihrem Hund spazieren gewesen war. Damit war ein Bild einer schönen Oase geschaffen, denn sie fühlte sich an diesem Ort geborgen und sicher. Nun forderte ich sie auf, diesen Zauberwald als Übergangsort zwischen Leben und Tod zu sehen. Sie konnte sich ohne Bedenken auf eine Reise dorthin begeben und es würde ihr dabei gutgehen. Dieses Bild der Sicherheit und des Vertrauens schmückten wir in den schönsten Farben aus. Sie strahlte, weinte und lächelte, und es nahm ihr ein bisschen die Angst vor dem, was da kommen würde. Es war für sie und ihre Angehörigen wichtig zu wissen, dass sie gut gehen konnte, denn so konnten auch die Zurückbleibenden leichter loslassen und weiterleben. Inzwischen war sie von unserem Gespräch und den tiefen Emotionen müde geworden. Ich schlug ihr daher vor, ein wenig zu schlafen. So konnte sie das schöne gewonnene Bild mitnehmen, verarbeiten und in ihrem Inneren annehmen. Ich versicherte ihr noch, dass ich in der Zwischenzeit mit ihrer Tochter plaudern würde und wenn sie wieder munter wäre, würde ich nach wie vor da sein. Sie schloss zufrieden ihre Augen und schlief ein.

Helenes Tochter und ihr Mann hatten unser Gespräch mitbekommen, waren sehr betroffen und weinten leise. Ich versuchte sie mit positiven Worten zu trösten und mein Verständnis für ihre Trauer auszudrücken. Besonders ihr Mann, der diese Situationen schon zum zweiten Mal durchleben musste, war extrem bestürzt. So saßen wir zusammen, plauderten und ich versuchte ihnen eine Stütze zu sein. Der große Zwiespalt der Tochter befand sich darin, ihre Mutter ins Spital bringen zu müssen und ihr damit den Wunsch, in ihrem Heim gehen zu können, zu verwehren. Das war natürlich keine einfache Situation – speziell mit dem Hintergrundwissen einer Krankenschwester. Sie war allerdings erleichtert darüber, dass ich ihr das Gespräch mit ihrer Mutter über den Tod abgenommen hatte, und so erzählte sie noch ein wenig mehr davon, wie es ihr selbst mit diesem Thema ging.

Einen guten Weg zu finden, einen geliebten Menschen loszulassen, ist nicht einfach und für jeden eine große Herausforderung. Dankbar zu sein für die schönen Momente, die man hatte und gemeinsam erleben durfte, und diese weiter in seinem Herzen zu tragen, ist sicherlich die beste Medizin, um den Schmerz verarbeiten zu können.

Als ich nach Helenes Aufwachen erneut zu ihr ins Zimmer ging, wollte sie, dass ich mich wieder neben sie legte. Sie schaute mir tief in die Augen und meinte: „Jetzt habe ich aufgehört zu kämpfen!“ Ich werde diesen Blick niemals vergessen. Sie wusste es und wir alle wussten es: Es gab nichts mehr zu kämpfen, sondern nur noch den Weg, möglichst ohne Angst und in Liebe zu gehen. Es war stimmig und sie hatte ein Recht darauf, gehen zu dürfen. Oft möchten wir das nicht wahrhaben oder zulassen, doch müssen wir es, fällt es auch noch so schwer. Als ich mich von ihr verabschiedete,

Das waren die Abschiedsworte eines Zwölfjährigen – sie waren intuitiv und ohne viel nachzudenken aus ihm herausgekommen. Raphael hatte auch noch eine Zeichnung angefertigt, die uns in den darauffolgenden Beratungsstunden noch eine Weile begleiten sollte. Er hatte sich selbst gezeichnet, und dann einen Weg, den der Vater entlanggeht, wodurch er sich von seinem Sohn entfernt. Dieses Bild war so berührend, dass ich es gar nicht in Worte kleiden kann.

Bald kam auch schon der Tag des Abschieds. Ich hatte den Ablauf mit der Kindesmutter, der Großmutter und den Kindern gut abgesprochen. Mir war klar, dass ich diesen Weg ehrenamtlich gehen wollte, und auch dieses Ritual – das war mein Beitrag zur Verabschiedung des Vaters. Die Familie nahm es dankend an und auch für mich war das die richtige Entscheidung. Wir wurden von der Schwester der Mutter abgeholt und fuhren gemeinsam in das Krankenhaus, in welchem der Vater auf der Palliativstation lag. Jonas, der Kleinere, gab seiner Mutter und mir die Hand, um sich sicher zu fühlen. Raphael war sehr gefasst. Ich verschaffte mir nach vorheriger Absprache mit der Großmutter einen Überblick über den Zustand des Vaters und holte erst dann die Kindesmutter mit den Kindern ins Krankenzimmer. Ich erklärte den Brüdern, dass ihr Vater im Moment schlief, aber alles hören konnte, was gesprochen würde. Ich ermutigte die beiden, ihrem Papa etwas zu erzählen, was sie auch taten. Beide Großeltern waren im Raum, befanden sich aber im Hintergrund. Jonas hatte auf meinem Schoß neben dem Krankenbett des Vaters Platz genommen und Raphael saß neben mir. Die Mutter der beiden stand uns gegenüber. Raphael nahm die Hand seines Vaters und hielt sie ganz fest. Ich nahm die Hand des Kleinen und legte sie auf die Hand seines Papas und meine Hand darauf. Das klappte gut und so konnte auch er die Nähe des Vaters genießen. Der kleine Jonas ging dann mit den Großeltern aus dem Raum, um ein bisschen Luft zu schnappen und sich abzulenken. Die Kindesmutter, Raphael und ich sind geblieben. Raphael wollte, dass ich den Brief an seinen Vater vorlese. Er vermittelte mir, dass er es nicht schaffen würde. Auch bei mir ist ein Gefühl der Traurigkeit aufgestiegen. Ich wusste aber, dass der Vater die Zeilen sicher genießen würde und dadurch leichter von dieser Welt gehen würde können. So begann ich gefasst zu lesen. Die Atmung des Sterbenden blieb ruhig und Raphael legte seinen Kopf während meines Vorlesens auf die Hand seines Vaters. Es war ein unheimlich berührender Moment, den ich im Nachhinein nicht missen möchte – auch wenn ich mir wünsche, es hätte ihn nie gegeben.

Die Verabschiedung war würdevoll und feierlich. Ich möchte mich an dieser Stelle dafür bedanken, dass ich diesen berührenden Moment mit der Familie erleben durfte. Bevor wir den Raum wieder verließen, verabschiedete auch ich mich vom Kindesvater: „Lieber Herr …, Sie haben zwei tolle Jungs." Ich streichelte ihm über die Stirn und wünschte ihm eine gute Reise. Erleichtert und auch betroffen zugleich verließen wir die Klinik. Die Mutter der Buben bedankte sich bei mir und meinte, dass sie es alleine nicht so gut geschafft hätte.

Drei Tage später war der Vater verstorben. Die Kinder kamen wieder zu mir, um Kranzschleifen zu gestalten und den Tag der Abschiedszeremonie für den Vater zu organisieren. Raphael benötigte beim Gestalten seiner Schleife die Musik der Imagine Dragons in voller Lautstärke, um gut ins Tun zu kommen. Ich musste bei Jonas auf dem Fußboden liegen, um ihm durch meine Anwesenheit das Gestalten der Kranzschleife für seinen Vater zu erleichtern.

Bei der Verabschiedungsfeier selbst organisierte ich mit den Kindern eine Vertrauensperson, die mit den Jungs bei Bedarf hinausgehen würde. Die beiden Brüder hatten sich für eine Freundin ihrer Mutter entschieden.

Ich bekam anschließend die Rückmeldung, dass die Verabschiedungszeremonie für den Papa sehr schön gewesen war – der Wunsch des Verstorbenen nach einer bunten Trauerfeier mit Musik war von allen umgesetzt worden. Dann sind die beiden Jungs mit ihrer Mutter in den verdienten Urlaub gefahren – zum Abschalten und Auftanken. Aus dem Urlaub erreichte mich per WhatsApp ein Video, in dem sie mir ein Weihnachtslied sangen, was mich schwer berührte. Ich ließ sie wissen, dass mir beim Anschauen des netten Videos Tränen über die Wangen gelaufen waren, ich mich aber sehr gefreut hatte, und dass ich sie spitze fand und so ein Zusammenhalt auf dem Video zu spüren gewesen war. Ich bedankte mich bei ihnen, sie weiterhin in ihrer Trauer um den Vater begleiten zu dürfen.

Mit dieser mehr als berührenden Geschichte möchte ich mein Buch beenden. Ich hoffe, dass Sie jetzt inspiriert sind, mehr auf Ihre „innere Stimme“ zu hören und Ihrer eigenen Intuition mehr Vertrauen zu schenken.

Jean-Baptiste Massillon[9]

»Dankbarkeit ist das Gedächtnis des Herzens.«

DANKSAGUNG

Dankesworte sind mir sehr wichtig.

Ich möchte damit beginnen, mich bei meinem herzallerliebsten Mann Peter dafür zu bedanken, dass er nie versucht hat, mich zu ändern. Er hat mir den zweiten Bildungsweg nicht nur finanziell ermöglicht, sondern mich immer darin bestärkt und unterstützt, dass ich meiner Berufung folgen soll. Dafür möchte ich aufrichtig „Danke!“ sagen. Ich liebe Dich!

Großes Lob, Stolz und auch Dank gebührt meinem Älteren Lukas, der mir ein Cover gemalt hat, das genau zu mir und meinem Buch passt. Ich bin stolz, dass er so kreativ ist, mir mein Buch setzt und vieles mehr. Ganz besonders liebe ich an ihm, dass er mich immer wieder als Mutter herausfordert, was nicht immer leicht ist, aber mich über nette Gespräche und Inputs vieles gelehrt hat. Das macht mich als Mutter zufrieden und glücklich.

Bedanken möchte ich mich außerdem bei meinem Sohn Sebastian, der sich immer wieder meine anonymisierten Geschichten angehört, mir meinen Buchtitel geliefert und mir mein Vorwort geschrieben hat. Ich danke Dir für Deine Herzenswärme und auch für die Kritik, die Du manchmal angebracht hast. Daraus lernen wir immer wieder, uns neu zu orientieren. Danke, dass es Dich gibt!

Nino, unser Familienkater, der 18 Jahre lang unsere Herzen erfreut hat und uns viel Wärme und Liebe gegeben hat, ist leider am 15. Jänner 2018 verstorben und hat eine große Lücke hinterlassen. Ich werde Dich nie vergessen!

Ein Dank gilt auch meinen Eltern. Es ist schön, dass es sie noch gibt und wir Zeit miteinander verbringen können. Danke, dass Ihr mir das Leben geschenkt habt! Ich bin auch überglücklich, dass ich meine Schwester Patricia und ihre Familie habe. Es ist schön, mit Dir Abende des Austauschs und Tratschens bei einem Gläschen Sekt zu verbringen. Ich liebe auch die Mädls Anja und Inga, da sie mich an ihrem Leben teilhaben lassen. Das hält mich jung und fit. Danke dafür!

Was mir auch in meinem Leben wichtig ist, sind meine Freunde. Dieses soziale Umfeld ist ein wichtiger Punkt für mich:

Erwähnen möchte ich meine „Golden Girls“. Das sind meine Schulfreundinnen, die ich seit meinem 14. Lebensjahr kenne. Wir haben uns nie aus den Augen verloren und verbringen jetzt im Alter quartalsmäßig Zeit miteinander und plaudern, philosophieren und reisen miteinander.

„Die Reiffs" sind ebenfalls sehr wichtig für mich, da ich sie seit meinem 19. Lebensjahr kenne. Früher hatten wir immer unsere wöchentlichen Kartenabende in einem Wiener Beisl, wo wir es immer lustig und fein hatten. Auch als wir Familien gründeten, hielt unser Kontakt. Der Faden zwischen uns ist nie gerissen. Es ist immer nett, wenn wir uns treffen. In den Gesprächen gibt es keine peinlichen Pausen, wir docken dort an, wo wir letztes Mal aufgehört haben.

So eine Freundschaft wie mit meiner „Michi-Mausi" kann man sich nur wünschen. Wir sind gefühlsmäßig auf einer Welle, weinen und lachen miteinander, verbringen gerne Zeit beim Plaudern, Shoppen und gutem Essen.

Peter und Sylvia Müller möchte ich unbedingt auch meinen Dank aussprechen. Wir kennen uns seit 1979, also ein paar Jährchen und länger. Peter ist ein Vollblutmusiker in der europäischen Blues-Szene. Gemeinsame Konzertbesuche waren deshalb immer wieder am Plan. Was ich aber auch besonders schätze, sind unsere tiefgreifenden Gespräche. Danke dafür!

Stella, danke auch Dir für Deinen wichtigen Part in meinem Buch. Der Buchstart war mit Dir in Bad Vöslau am 5. August 2017. Gemeinsam suchten wir Ghostwriterin und Lektorin aus. Danke!

Monika, wir haben nun schon eine 25-jährige Freundschaft, in der wir viel er- und durchlebt haben. Ich möchte Monika in meinem Leben nicht missen. Sie ist ein fixer Bestandteil meines Lebens. Wir unterstützen uns gegenseitig mit Worten und Taten. Es ist ein schönes Nehmen und Geben. Das haben wir uns beide hart erarbeitet und sind stolz darauf, so eine Freundschaft zu haben. Was mich besonders freut, ist, dass sie das Ghostwriting für mein Buch übernommen hat. Sie ist mir sicher nach meinem Partner die Nächste, die mich am besten kennt. Danke für Deine Empathie mir gegenüber und danke fürs Schreiben.

Pamela Obermaier, ich danke Dir von ganzem Herzen für Deine Zeit, Geduld und Ausdauer! Du hast meinem Buch den notwendigen Feinschliff verpasst, hast mit viel Herzblut daran gearbeitet. Ich kann mit keinem Geld der Welt aufwiegen, was Du für mich getan hast. Ich habe damals eine Lektorin gesucht, die zu mir und meinem Buch passt, habe auf meine Intuition vertraut, dass genau Du die richtige bist – und das hat sich mehr als bewahrheitet.

Der wichtigste Dank gilt den Familien, die ich beraten und begleiten durfte. Ohne sie und die vielen berührenden Geschichten wäre dieses Buch nie entstanden.

Quellenangaben

[1] Zitat von Johann Wolfgang von Goethe (1749-1832), deutscher Dichter und Naturforscher - LiteratPro.de: literatpro.de/spruch/240816/es-muss-von-herzen-kommen-was-auf-herzen-wirken-soll

[2] Zitat von Charlie Chaplin (1889-1977), britischer Schauspieler, Regisseur, Drehbuchautor, Schnittmeister, Komponist, Filmproduzent und Komiker - zitate.eu/author/chaplin-charles-charlie-sir/zitate/8228

[3] Zitat von Albert Schweitzer (1875-1965), deutsch-französischer Arzt, Theologe, Musiker und Kulturphilosoph, Friedensnobelpreis 1952 - aphorismen.de/zitat/129418

[4] Bundesverein Rainbows, 8010 Graz

[5] Andreas Moritz: „Krebs ist keine Krankheit - Krebs ist ein Überlebensmechanismus", 2007

[6] Andreas Kienzl: „Humor trotz Tumor: Besser leben mit Krebs", 2006

[7] Ralph Waldo Emerson (1803-1882), US-amer. Geistlicher, Philosoph und Schriftsteller - aphorismen.de/zitat/4684

[8] Albert Einstein (1879-1955) Theoretischer Physiker der Wissenschaftsgeschichte, zitiert aus : PM Dezember 2009

[9] Jean-Baptiste Massillon(1663-1742), französischer katholischer Kanzelredner, Oratorianer, Hofprediger Ludwig XIV. und später Bischof von Clermont, berühmtester Fastenprediger, aphorismen.de/zitat/26100